# 秦西垂陵区

主 编 祝中熹
副主编 张奎杰 王 刚

文物出版社

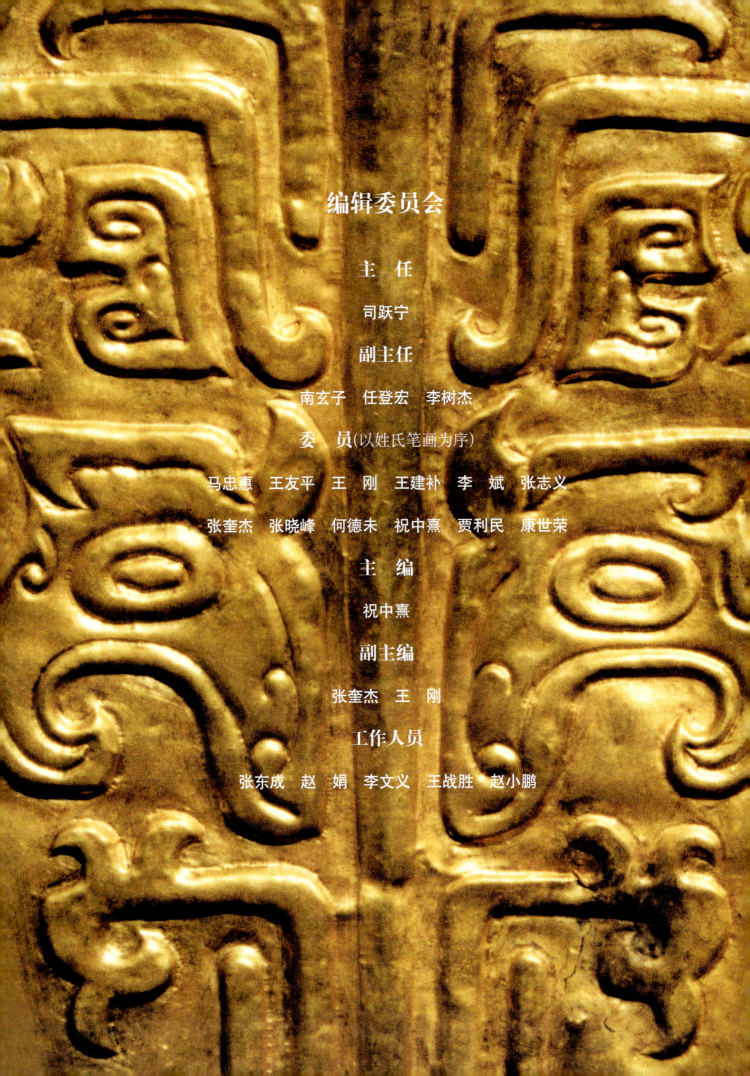

# 目 录

# 序

《秦西垂陵区》这部书的出版，正适应了学术界当前探索早期秦文化的需要。

今年3、4月间，甘肃省文物考古研究所会同陕西省考古研究所、中国国家博物馆、北京大学考古文博学院和西北大学文博学院，组成一支联合考古队，在甘肃礼县至天水的西汉水流域进行系统调查，重点了解当地早期秦文化的分布，以及其与戎人寺洼文化并存的状况，为进一步研究早期秦文化准备了基础。由于秦在古代历史进程上曾起有巨大影响，这方面工作的重要性可谓不言而喻。

看《史记》的《秦本纪》，秦的先世出自颛顼，到商代晚期的中潏，已经"在西戎，保西垂"。西周中叶，非子居于犬丘，为周孝王在汧、渭之间养马立功，得为附庸，封邑于秦。同时，非子之父大骆的嫡子成仍居犬丘。西周晚期厉王时，西戎反叛王室，攻灭了大骆一族。宣王即位，以非子的曾孙秦仲为大夫，伐西戎，不幸战死。宣王又命秦仲之子庄公(名其)等五人再伐西戎，取得胜利，于是将犬丘也赐给庄公，为西垂大夫。犬丘(或称西犬丘)与秦，是秦最早的都邑所在。

1919年，在天水西南乡出土了不少青铜器。其中有一件著名的秦公簋，流传到兰州商贾手中，为收藏家合肥张氏所得，运至北京，轰动一时。1923年，王国维撰《秦公敦跋》(当时多称簋为敦)，对这件青铜器作了考释。他正确地指出，西垂地名本来泛指西部边境，后来则专指西犬丘，其地即汉代的西县，在今天水西南60公里。天水秦公簋的出现和王国维的研究，第一次为西汉水流域秦文化提出了线索。结合文献所述非子所封的秦邑在今清水东北，可以知道西汉水这一带乃是秦的发祥地。

王国维在清华国学研究院的弟子冯国瑞有一本书题为《天水出土秦器汇考》，收入《陇南丛书》。书中继承王国维的端绪，讨论了秦公簋，还记述了天水南乡1944年秋季发现的车坑出土的青铜饰件。这批器物现在看是西周中期的，是秦公簋之后的又一项重要线索。

近年，把学术界的眼光再次吸引到这一地带来的，是礼县大堡子山秦公陵墓的发现。

大堡子山墓地在1992至1993年间惨遭盗掘，造成大量珍贵文物流失。有关部门采取措施，缴获了一部分。1994年3至11月，甘肃省文物考古研究所和礼县博物馆做了清理发掘，有很大收获。

秦公陵墓流散的文物，不少到了境外。最早为人所知的，是1994年春韩伟先生于法国巴黎戴迪野(Christian Deydier)行见到的一批黄金饰件，照片刊在同年11月该行的《秦族黄金》图册。同年，我和艾兰(Sarah Allan)教授也在《中国文物报》介绍了美国纽约拉利(James Lally)行出现的一对秦公壶。散出的青铜器还有许多，国内上海博物馆，国外如日本的美秀(MIHO)博物馆等所收都很重要。上海博物馆李朝远先生等学者作过综合论述。

大堡子山M2、M3两座并列大墓之属于秦公室，由所出青铜器多有"秦公"铭文即足判定。这些器物，形制、纹饰和组合等方面都表现出两周之际，即西周末至东周初的特点，从而铭文里的"秦公"应当不出庄公、襄公、文公的范围。如学者所论，庄公称公有可能是追称，襄、文两公又有葬于西垂的明文可稽，大墓划归后者是更合理的。

　　想进而论证两座大墓的具体归属，遇到了一些困难。已经看到的有铭青铜器，很难在类型学上截然分作早晚，哪些件出自哪一座墓也无法证明。况且从晋侯墓地的实例知道，前一代国君所造器物有时也出于后一代的墓中。如果其中有一座是夫人墓，情形更是如此。然而多数学者认为这两座墓中一座属于襄公；另一座是襄公夫人，还是文公，则尚存争议。

　　最近我们知道，在流散的青铜器里，还有少数礼乐器、兵器有"秦子"铭文，这应该是秦君受封诸侯称公以前的称号，与襄公的情况相合。

　　与大堡子山墓地大致同时，隔河相望的圆顶山墓地也遭到盗扰。礼县博物馆在甘肃省文物考古研究所帮助下，1998和2000年作了清理发掘，结果表明这里是春秋早期以至战国的秦国贵族墓地。圆顶山盗掘的青铜器也多有流散，但因缺少特征性的铭文而不易辨识。

　　现在，当进一步开展这一地带早期秦文化遗存的发掘和研究之前，除了要尽快发表前一阶段调查、发掘的报告外，有一项大家迫切需要的工作，就是将大堡子山、圆顶山已知的出土文物材料汇集辑录起来。《秦西垂陵区》这部书就是因此编著的。

　　这部书分三个部分。第一部分是祝中熹先生的论文，不仅对大堡子山、圆顶山墓地的发现和发掘清理工作做了详细的概述，对两地点出土的器物有逐一的描写，而且把文献与考古成果结合起来，深入讨论了与发现有关的种种问题。文中广征博引，在综述已有各家看法的基础上，提出一系列的独到见解。特别是关于大堡子山3号墓为襄公墓，2号墓为文公墓的论点，值得专门注意。第二部分图版，将两墓地出土器物尽可能搜罗在一起，为今后研究提供了便利。第三部分附列礼县境内所出的相关器物，也足供今后参考。编者的辛勤，我们应当感谢。

　　相信《秦西垂陵区》这部书会博得关注秦历史文化的读者广泛欢迎，并对将来这方面的工作起重要的促进作用。

李学勤

2004 年 8 月 1 日

# 前　言

《秦西垂陵区》付印前，秦西垂文化研究会的编者们约我写几句话。考古证史之道我是外行，本无话可说，但守土之责又令我义不容辞。为难之下，只得以秦西垂陵区为话题谈几点个人看法，舛误之处请专家赐正、读者批评。

礼县位于甘肃省天水市西南，陇南地区北部，是一个拥有4300平方公里面积50余万人口的大县。四周群山环抱，境内西汉水涌，雨量充沛，气候温润，土地肥美，物产丰饶，宜农宜牧，是人类生息繁衍的一块宝地，历史悠久，文化底蕴深厚。远在7000年前的仰韶文化早期，即有先民在此生存。据《史记·秦本纪》载，最迟在商末赢人已在此"保西垂"，此后的300年间，赢秦人以西垂为中心经历了由商代之显贵、沦为西周之附庸、继而又发迹为西方诸侯大国的荣辱沉浮的转变过程，创造了秦早期独特而辉煌的西垂文明。但是，以后由于经济、政治、军事、民族等种种复杂因素的影响和限制，辉煌逐渐暗淡，文明逐渐失落，最后竟完全被历史尘埃所掩封，形成了秦文化有流无源的历史空白。所幸的是，秦西垂陵区于10年前在礼县被发现，使光彩夺目的秦西垂文明在被岁月掩埋了2700多年之后倏然间又呈现到了世人面前，史学界为之震惊，海内外为之轰动。究其原因，是这一发现的意义十分重大：它不仅以无可辩驳的事实证明了秦四大陵区中最早的西垂陵区在礼县，秦国最早的都邑西垂宫在礼县，秦人在建国前的政治活动中心在礼县，秦国的发祥地在礼县，更重要的是，它用丰富的文物资料填补了秦历史的一段空白，在一个重要领域内充实了华夏文明史。

秦西垂陵区被发现后，作为所在地的礼县党委和政府，一方面感到光荣与自豪，一方面又感到保护责任的重大与艰巨，于是立即对陵区遗址和出土文物采取了一系列应急性的保护措施，如发布保护公告和决定，成立专门管护队，修复残损文物，征集失散文物，制定保护规划，申报陵区为全国重点文物保护单位等。此后，在"保护为主"的原则下，县委和政府又从长远着想，从大处着手，全面贯彻党的文物工作方针和文物保护法，认为保护绝不等于将文物放进博物馆束之高阁，只有合理利用才能促进科学研究工作，发挥教育作用，建设社会主义精神文明和物质文明。基于如是考虑，县上成立了秦西垂文化研究会，专门组织力量对具有地域特色的秦西垂文化进行了系统的研究。现在呈献于大家面前的《秦西垂陵区》大型图录，就是研究者们研究的成果之一。

关于这本书，编者们是以严谨的态度、规范的体例、图文结合的形式编辑而成的，其成败得失自有专家学者和广大读者去评说。这里我只想扼要说明本书几个突出的特点：一是真实性。书中编选的大部分器物，是经文物考古工作者实地发掘出土，由博物馆收藏；少量器物虽然分藏在外，但都是经过著名考古学家鉴定推荐才编入的，所以资料真实可靠。二是科学性。对文物图片的安排，按照出土的地点、时间、类别、组合等规范排列，有尺寸、有编号、有整体、有局部，图版前有总论，图版后有收录器物表，故显得很系统科学。三是唯一性。全国出版的文物图录可以说是琳琅满目，但以秦西垂陵区为内容的大型图录这还是第一部，可以说是开了秦西垂文化研究专著之先河。四是鉴赏性。由于本书是以文物图片为主，期盼得到这些宝贵资料的专家学者得到此书如获至宝的心情自不待言，就连一般读者，也会被这些图片吸引和震撼。

正是因为本书具有以上突出特点，所以才表明了它有很高的资料价值、科学研究价值以及较强的鉴赏价值。

最后我想说的是，秦西垂陵区只代表秦西垂文化的一个侧面，而秦西垂文化属地域文化，是秦文化的源头，它只是整个秦文化的一个部分。随着秦国的建立，秦文化又发展成了华夏文化的主流，并且影响了中国数千年的封建文明史。今天，我们研究秦西垂文化，有必要站在中华文明发展史的总体高度，去认识把握，去研究探讨。这样才能将秦西垂文化的研究引向深入，才能对其地位、作用、影响作出科学的论断。

研究秦西垂文化，是一项艰巨的工作，目前此项工作正在有计划有步骤地进行。我们相信，有上级政府和业务部门的大力支持，有专家学者和各界同仁的积极参与，这项工作定会卓有成效，《秦西垂陵区》的编辑出版就是一个良好的起步。囿于编纂人员水平和资料仍欠完整的限制，这部书只能算是引玉之作。期望有更多的研究力作和考古发现面世，期望古老的西垂文明之花结出丰硕的现代文明成果。

司跃宁

2003 年 11 月

# 秦西垂陵区

祝中熹

# 一　嬴秦与西垂

### 1．嬴秦的族源与西迁

近代以来，关于秦人族源，学界流行"西方戎狄说"和"来自东夷说"。后一说实际本于《史记》，《秦本纪》开篇云："秦之先，帝颛顼之苗裔孙曰女脩。女脩织，玄鸟陨卵，女脩吞之，生子大业。"这个大业便是秦人有世系可寻的男性始祖，族源上溯至五帝时代的高阳氏颛顼。凤翔秦景公大墓所出石磬，铭中有句曰："天子匽喜，龚桓是嗣。高阳又灵，四方以鼏。"石磬为景公行冠礼亲政时祭祖祭天之物，铭文祈求始祖保佑秦境安宁。[1] 这表明秦人的确奉颛顼为祖神。女脩的故事是个典型的鸟始生神话，显示嬴秦族以鸟为图腾。所以，先秦文献又说秦人是少昊的后裔。《史记·封禅书》载，秦开国之君襄公任诸侯后所做首件大事，便是"自以为主少皞（昊）之神，作西畤，祠白帝"。少昊是以河岱地区为活动中心的东方嬴姓鸟图腾部族的总首领，由于嬴秦崛起为西方唯一的诸侯大国，他也便演化成了以白色为表征的西方之神。主张嬴秦本即西方戎狄的学者，不相信《史记》关于嬴秦远古世系的记述，认为那是强大之后的秦人对祖先的美化，这种看法缺乏根据。

时代越早，人们的族源、祖系观念越重，对本族之所出的母族和始祖看得越是神圣。马克思说过："氏族名称的职能，在于使这一名称全体成员，保持共同的世系的记忆。"[2] 史前社会的先民，不会忘记自己的族源和祖系，不会放弃本族图腾而改奉异族的图腾。即使到文明时代，在宗法制度和祭祀传统的支撑下，祖先崇拜仍长期占统治地位。文物考古工作也没有给秦人戎狄说提供支持。嬴秦世代与关

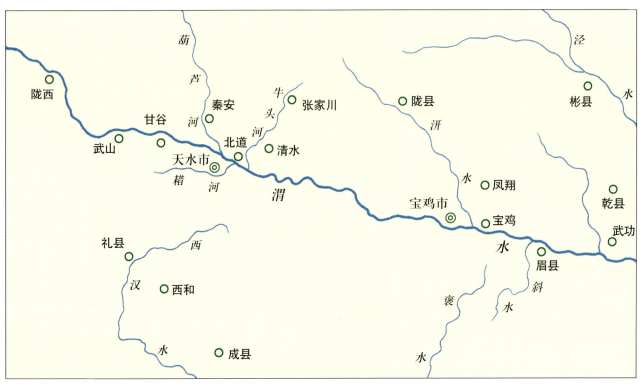

秦人早期活动地域范围

---

[1]　王学理、梁云《秦文化》，第154页，文物出版社，2001年。

[2]　马克思《摩尔根〈古代社会〉一书摘要》，第172页，人民出版社，1954年。

陇诸戎接触、交往，乃至通婚、杂居，在民风族俗方面相互影响和渗透是必有现象，但秦文化的主流，却无疑应属华夏文明体系。除了葬习中的西首葬(可能是在漫长西迁过程中形成的一种有特殊寓意的葬式)为秦文化所独具外，我们很难举出嬴秦文化风貌同中原地区有本质的不同。曾一度被视为秦文化三大特征的洞室墓、屈肢葬和铲脚袋足鬲，如今已证明都不是秦文化固有的因素，它们和嬴秦族源没有必然的联系。分布在陕西西部和甘肃东部早于或相当于嬴秦活动时代的几种古文化类型，如先周文化、刘家文化、城固文化、辛店文化、寺洼文化等，考古学界已基本厘清了其性质和特征，它们中没有任何一种类型可与秦文化的面貌相对应。[1]

五帝时代是我国由原始社会向文明社会过渡时期。中原地区各主要部族和部落联盟，正展开激烈的分化、改组与并合，孕育着雏形期的国家。种种迹象表明，颛顼部族和少昊部族是两个互为婚姻的族体，它们构成彭那鲁亚群婚体制下的"两合部族婚姻联盟"，是华夏族的主体成分之一。嬴秦族是它们的后裔，把始祖追溯到颛顼和少昊，正合乎远古时代群体记忆的规律。

嬴秦既属东方部族，那就存在一个西迁问题。上世纪后20年间，学界对嬴秦西迁的时间和原因曾展开过讨论。段连勤先生的看法影响较大，他认为东夷集团的畎夷，在夏末与殷商组成反夏联盟，进军关中，他们就是后来活跃在泾渭流域的犬戎族。而秦人，是畎夷的一支。据《春秋》和《左传》，至迟在春秋时期，东方也有地称犬丘又名垂(今山东曹县境)者；嬴秦都邑西垂又名西犬丘，实乃对应东方的同名地而言，这是随畎夷族西迁从东方带过去的地名。[2]段先生关于畎夷西迁以及西垂地名的考证无可置疑；但说嬴秦是畎夷的一支，则可商榷。畎夷是个以犬为图腾的部族，这有文献中存在大量该族的犬始生神话为证，它和以鸟为图腾的嬴秦不可能有共同的族源。嬴秦长期定居于西垂地区，具有农业、畜牧业相结合的经济形态；而畎夷也即后来的犬戎却过着侵掠性较强的牧猎生活，从陕北到陇东到西汉水上游，到处有他们流动的踪迹，二者的文化基质存在巨大差别。而且，嬴秦和犬戎一直处于势不两立的敌对状态，围绕西垂地区展开过世代相继的反复争夺，假如他们属同一部族，这种现象便很难解释。至于西垂、犬丘的地名，确实是畎夷从东方带过去的，因为西迁后的畎夷也曾在那里长期生活过。但这地名和嬴秦没有必然联系，那个居邑最古老的名字称"西"，嬴秦一直是使用"西"这个邑名的。既然嬴秦并非畎夷的分支，那便不能用畎夷的西迁说明嬴秦的西迁。

据《秦本纪》载，嬴秦和殷商关系密切，不少嬴秦首领担任商王朝的大臣，"嬴姓多显，遂为诸侯"。到商后期，嬴秦首领中潏，"在西戎，保西垂"。有的学者据此认为秦人就在这时西迁，动因是受商王朝之命，到西戎活跃地区去保卫商的边疆。[3]但《秦本纪》从中潏时代详述秦事，并不一定意味着秦人在中潏时代才西迁。商代国家形式是盟邦性质，并行"内服"、"外服"体制，王畿之外均为大小宗属国，不存在严格的国土疆界，更无须派人去防守。商后期王畿之西域日渐强盛的周方国，是商王朝统率西方宗属国的盟主，即所谓"西伯"。怎么能设想商王会派一族人越过周境，跑到陇山以西去"保卫"边疆呢?尽管商文化曾伸延至泾、渭流域，但即使在商王朝的全盛期，政治上也未曾控制过关中。至于陇山以西，连周人也并不视为自己的国域，更无须说殷商了。

《尚书·尧典》有一段尧命羲和四子分居东、西、南、北四极以测日、祭日的记载。观测天象，确

[1] 牛世山《对秦文化渊源与秦人起源探索》，《考古》1996年第3期。
[2] 段连勤《关于夷族的西迁和秦嬴的起源地、族属问题》，《人文杂志·先秦史论文集》，1982年；《犬戎历史始末述》，《民族研究》1989年第5期。
[3] 林剑鸣《秦史稿》，第二章，上海人民出版社，1981年。

定季节，颁布历法，授民以时，乃部落联盟及早期国家首领的首要任务，因为这是群体赖以生存的农业、畜牧业的绝对需要。早就有学者指出，《尧典》所述四中星的时位，是分别在山东东部、湖南长沙以南、甘肃境内和北京一带实地测量的结果。[1]李学勤先生也说过，《尧典》"所述四中星，据近年学者推算，颇能与唐虞时期符合，有天文学史方面著作推测'其上下限当在距今3600年到4100年之间'"。[2]这就是说，当年羲氏、和氏四支族人是落实了尧的分工而定居于四方之测日、祭日点的。肩负"寅饯纳日"使命的和仲一族迁居于"西"地，《禹贡》述"岷、嶓既艺"之后言"和夷底绩"，讲的就是和仲一族对西汉水中上游地区的经营。汉唐诸儒一致说，和仲一族所居之"西"，就是汉代陇西郡的西县，也便是嬴秦最早的都邑西垂。羲和是重黎的后代，而重、黎又属颛顼的族系；羲和四子的职司又和《左传》昭公十七年所载少昊集团中"凤鸟氏"一族对四季历法的职司完全相同，这绝非偶然巧合。笔者曾据此提出了关于嬴秦西迁的一种新说，认为嬴秦实为和仲一族的后裔。[3]问题在于《尧典》、《禹贡》所述同后来嬴秦的史事之间，存在太大的历史断层，故此说尚有待文化考古领域的验证。

**2．嬴秦的崛起与西垂地望**

至迟在商后期，嬴秦已在西垂地区建立了一个宗属于商王朝的小方国，商亡后又臣服于周，成为周王室联结西部诸戎、稳定陇右局势的一支重要辅助力量。周孝王时，嬴秦首领大骆有个庶子名非子，以善于养马著称。那正是王室需用大量马匹的时候，孝王便召非子到"汧渭之间"（今宝鸡以西）去为王室繁殖马匹。非子畜马有功，深得孝王赏识，为表彰其勋劳，孝王让他以王室"附庸"身份从大骆族体中分出，别祖立宗，封邑于秦地。所谓附庸，指王畿或诸侯国内领有一小块土地的政治实体，依附于王室或公室，地位低于封邑之大夫。非子封地就在他为王室牧马的"汧渭之间"，该地原本即有"秦"之名。"秦"字初义是一种可酿造优质酒的禾类作物，非子封地可能盛产这种禾，故禾名也便成了地名。此后"秦"之名便始终伴随着非子一族的发展历程，由邑名而族名，而国名，而朝代名，其禾之本义遂渐消失，只在许慎《说文》中微留其迹。[4]

非子一族在汧渭间生活的时间并不很长，那一带与畿外众多氏邦相邻，民族关系非常复杂。当西周王朝趋于衰落时，实力尚弱的嬴秦便难在该地立足。估计在厉王时代，这支嬴人西登陇坻，转移到今甘肃张家川、清水一带，利用渭水河谷较好的自然条件，凭借陇峰之幛护，暂时摆脱了民族冲突的险恶漩涡，使族体获得了较稳定的发展，原汧渭间秦地之名也随之移到陇上。非子的曾孙秦仲，治理陇上秦地业绩显著，王室晋升其爵为大夫。文献中有不少赞誉秦仲的记载，王室史官史伯曾将秦仲与齐侯并举，评曰："夫国大而有德者近兴。秦仲、齐侯，姜、嬴之隽也，且大，其将兴乎？"[5]郑玄《诗·秦风·谱》也说："秦仲始大，有车马礼乐侍御之好焉。"足见秦仲时代陇上之秦的昌盛给人们很深的印象。

正当秦仲一族繁荣于陇上时，西垂地区的大骆本族却被戎人灭掉了。周宣王即位后，大力扶植秦仲一族，讨伐西戎。不料秦仲兵败被杀，戎势难遏。秦仲虽死但后继有人，决心与戎族周旋到底的周宣王，把以庄公为首的秦仲5个儿子召集起来，"与兵七千人，使伐西戎"。[6] 7000人在当时堪称大军，

---

[1] 姜亮夫《古史学论文集·尧典新议》，第47页，上海古籍出版社，1996年。

[2] 李学勤《走出疑古时代》（修订本），第147页，辽宁大学出版社，1997年。

[3] 祝中熹《阳鸟崇拜与"西"邑的历史地位》，《丝绸之路·学术专辑》，1998年。

[4] 祝中熹《地域名"秦"说略》，《秦文化论丛》第七辑，1999年。

[5] 《国语·郑语》。

[6] 《史记·秦本纪》。

秦西垂陵区墓葬位置示意图

这是一次规模空前的战役。结果周、秦联军取得了胜利，并且收复了已被戎人占领二三十年的西垂地区。从此，陇上秦域和大骆祖地连成一片，大幅度扩展了嬴秦族的活动范围。秦庄公就势把都邑移回西垂，全面取代了原大骆一族的地位。

襄公即位后成功地缓解了一次戎祸危机，西垂地区渐趋稳定。公元前771年，周王朝政局突变，各种社会矛盾的积累和激化，终于导致了申侯之乱，犬戎入侵，幽王被杀。危难时刻，秦襄公将兵救周，为扭转局势作出了贡献。《秦本纪》载，新立的周平王在东迁洛邑时作出了一项重大安排，"封襄公为诸侯，赐之岐以西之地。曰：'戎无道，侵夺我岐、丰之地，秦能攻逐戎，即有其地。'与誓，封爵之"。文公即位第4年，把都城迁往关中西部的汧邑，迈出了国势东拓的关键一步。文公十六年，军事上取得了对戎人的决定性胜利，"收周余民有之"，完全控制了岐、丰地区。兹后秦人承袭王畿先进农业和手工业基础，再度繁荣了关中经济。秦都也随着国力的增长而不断东移，凭借日益强劲的军事力量，积极参与列强逐鹿中原，秦国开始进入政治、经济、文化、军事、外交全面发展的新时代。

西垂地区是嬴秦成长、壮大的摇篮。嬴秦以辛勤的劳动开发、富庶了这片土地，也为保卫、收复它付出过血的代价。通过与周边方国、部族的长期交往、沟通、冲突和融合，嬴秦不仅吸收了异族文化的优秀成分，而且锻炼、培育了族体坚韧不拔的英武气质。秦文化所具有的兼容性、功利性和开拓性，就是在西垂地区孕育成熟的。一部东周史，由秦国升封为诸侯而开篇，又由秦国统一九州而掩卷，成功这一伟业的基石，早在西垂时代即已奠定。

前文言及，西垂即《尧典》所言之"西"，也即两汉时陇西郡的西县。西县方位文献中有相当一致的记载，都说它在天水西南方60公里处，境内有嶓冢山，有西汉水。这样我们确定西垂地望便有据可依。嶓冢山，《禹贡》、《山海经》等先秦文献曾多次述及，是上古时期影响很大的一带山系，即今天水市南部靠近礼县境的齐寿山。西汉水，今为嘉陵江上游，发源于齐寿山西麓，入礼县境后南下再东折，

大堡子山秦公陵园远眺

入陕会嘉陵江。东汉以前嘉陵江尚未形成时，它与汉水通连，是汉水上游两大支流西面的一支，故称西汉水(东面一支称东汉水即古漾水，为今发源于齐寿山东麓南贯徽县入嘉陵江的永宁河)。综合诸多史籍和地志考察，西县境域大致含今礼县东部及西和县北部，即西汉水上游地区。而西县县治也即西垂故邑，当在祁山以西不远处西汉水与西和河(古建安水)交汇点附近。几乎所有的礼县县志以及涉及礼县的州志、省志，都说礼县古称"天嘉"，有的甚至直接说秦时在今礼县东境设过天嘉郡或天嘉县，其邑址被称作"天嘉古郡"，晚至元、明仍在那里有军政建置，其具体位置在今礼县城东20公里处。据此推测，当在捷地村与红土嘴附近。当地传说那一带古时曾有邑镇，后来毁于山体滑坡。地方志和民间传说中的"天嘉古郡"位置，正在西汉水与西和河原先的交汇处，正是文献记载的西县故城即西垂邑址所在。西汉水在这一带形成了一块相对开阔的小盆地，即永兴川。汉魏时期的卤城即今盐官镇，乃盆地的东大门；被魏文帝视为军事要塞之一的祁山，雄踞盆地北岸；南麓陡峭三面临水的大堡子山，扼控盆地的最西端。域内河谷纵横，川原肥美，农畜两宜，又盛产井盐，确是古代部族兴邦立邑的理想之地。《水经注·漾水》述西汉水流经祁山脚下后接言："上下有二城相对，左右坟垄低昂，亘山被阜。古谚云：南岈北岈，万有余家。诸葛亮《表》言：祁山去沮县五百里，有民万户。瞩其丘墟，信为殷矣。"描述的就是这片盆地。所言上下二城，即指西县城和戎丘城。

秦西垂陵区的发现，为西垂邑址地望确定提供了新的可靠依据。大堡子山秦公陵园西距我们推断的邑址约5公里，正是秦人茔域同国都之间的通常距离。《史记》所言秦襄公和秦文公死后入葬之"西山"，应就是大堡子山。

# 二 大堡子山秦公陵园

### 1．陵园的发现与清理

　　大堡子山位于永兴川最西端的西汉水北岸，永兴、永坪二乡的交界处，西距礼县县城约13公里，因其西端高处有一清代修筑的土堡围而得名。礼县至天水徐家店的公路绕经山腰，北面是一片广漠的茆塬，由北而南的固城河沿其西麓山脚注入西汉水，大堡子山正在二水所形成的夹角处。被岁月积尘覆盖了2700余年的秦公陵园，就坐落在山南麓高处向阳的缓坡上。

　　西汉水流域纵跨南北地理分界线，属于阶梯地形的过渡区。远古时这一带气候温润，水源充足，森林密布，极适宜生物的栖息繁衍，因此留下了丰富而多样的古生物化石。当地居民称那些不时从地下挖出的化石为"龙骨"，据说可以入药治病。上世纪80年代，有人在农闲时寻挖"龙骨"，使一些古墓葬在无意中被发现，一些文物贩子闻风而至，致使盗墓之风迅速蔓延。1993年前后，大堡子山古墓被盗掘，几座大墓和许多中、小型墓葬被洗劫一空。不久，所出器物陆续出现在纽约、伦敦、巴黎、神户和香港、台北等地。在严重的盗墓事件发生后，各有关部门采取了一系列保护措施。在严厉打击文物走私活动的同时，政府拨出专款，由甘肃省文物考古研究所会同礼县博物馆，对大堡子山陵区进行了抢救性发掘、清理。1994年3月开始至11月结束，勘探面积21万平方米，发掘土方1.7万多立方米，共发掘清理目字形大墓(M3)1座，中字型大墓(M2)1座，车马坑(M1)1座，以及中、小型墓葬9座。各墓均为东西向的西首葬。两座大墓南北并列，目字形墓在北，相距约40米。中字形墓以南，有东西

大堡子山秦公陵园近景

两座车马坑，已发掘清理的K1为东面一座。陵园约东西长250、南北宽140米。除中心部位为上述两座大墓和两座车马坑外，在北部、东北部和西部，还有规律地分布着200多座中、小型墓葬，其间距5～7米，均被严重盗扰。在陵区东侧，发现有一道从坡底部伸向顶端山嘴的夯土遗迹，断续的残存显示可能是一条茔域的兆界。陵园正上方有夯土台基遗存，附近发现不少秦瓦及瓦当残片，表明那里曾经有过陵寝之类的墓上建筑。两座大墓和两座车马坑非常紧凑地集中在一个不大的方域内，组成依山坡地形统一规划的完整陵园。

目字形大墓(M3)全长115米。东墓道为主墓道，斜坡式，端宽8.30、长48.85米；西墓道为台阶式，端宽8.20、长41.50米。墓室呈斗状，口长24.65、宽9.80米。底长6.75、宽3.35、深16.50米。墓葬形制比较特殊，曾被视为中字形墓。但墓室与墓道交接处并无折棱，墓室口也没有外扩成中字形的迹象。墓室南壁历史上曾发生过坍塌，其北壁则与东西墓道壁连接为一线，只是墓室处略显弧突。墓室内设二层台，东、南两侧台面被严重盗扰，北侧台上现存1殉人。木椁漆棺，墓主骨骸已朽，为仰身直肢葬，头西向，胸、颈部位残留散乱的琥珀珠。棺下有腰坑，内殉狗1只，玉琮1件。西墓道填土中殉7人。由于墓室发生过坍塌，随葬器物有的被砸碎，故墓室内有许多铜器碎片。其他随葬器物已被盗空。

中字形大墓(M2)全长88米。东墓道为主墓道，斜坡式，端宽6、长37.90米；西墓道大致为斜坡式，但有8个沟槽状台阶，端宽4.50、长38.20米。墓室呈斗状，口长12.10、宽11.70，底长6.80、宽5、深15.10米。墓室内设二层台，东、北、南三面台上共殉7人，均为直肢葬，有的有漆棺，多随葬有小件玉饰。木椁漆棺，棺周围残留盗余的金饰片，椁室内有罐、鬲等陶器碎片，以及铜泡、戈、刀

等残器。墓主骨骸已朽，为仰身直肢葬，头西向。棺下有腰坑，内殉狗1只，玉琮1件。西墓道填土中殉12人，狗1只，殉人均为屈肢葬，头向东、西皆有。骸骨表明有杀殉和生殉，多为青少年。其中3人各随葬玉玦1件。其他随葬器物已被盗空，仅在盗洞中发现石磬5件。

车马坑（K1）为瓦刀形，全长36.50米，东西向。坑道在东，长21.85、宽9.50米，坡状倾斜至坑

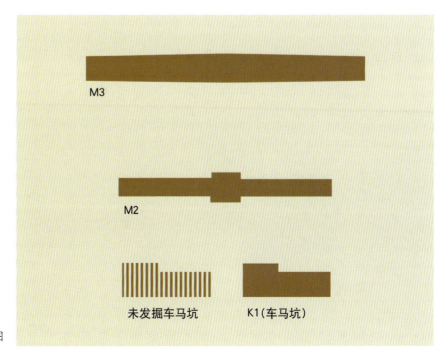

M3

M2

未发掘车马坑　　　　K1（车马坑）

大堡子山秦公陵园墓葬位置示意图

目字形大墓（M3）发掘情形

底。坑长方形竖穴土圹，长 14.65、宽 12.95、深 5.40 米。据盗扰后的遗迹判断，坑内原殉车 4 排，每排并列 3 乘，每乘两服两骖，皆辕东舆西。发掘后仅清理出盗余的个别舁辖和一些大小不等的铜泡，另有锈蚀严重已不明其形制的铁制品。

中、小型墓葬 9 座，较为完整。皆东西向，竖穴土圹，长 2～5.20、宽 1.40～2.70、深 3.10～7.60 米。有棺椁，头西向，直肢葬。随葬器物有铜器、玉器、陶器、石器等。除随身佩带的小件饰物外，主要随葬器物置放于棺椁间西端头箱内。铜礼器鼎、簋配置不甚规范，流行使用仿铜陶礼器。陶器常见组合为喇叭口罐、鬲、盆、豆等。时代似较大墓要晚。[1]

**2．出土器物**

大堡子山陵区虽遭盗扰，考古发掘清理的随葬器物收获甚微，但一些文博单位通过各种渠道，征集了该陵区所出的部分器物。另有流失海外的一些器物已经发表披露。现将该陵区所出器物的已知信息作一概要介绍。

①金器

A．金饰片。数量最大，也最为重要，其中一部分曾在巴黎展出，并在伦敦出版的图录上发表，

---

[1] 本文所述陵区墓葬资料数据，除礼县博物馆提供者外，多采自戴春阳《礼县大堡子山秦公墓地及有关问题》一文(载《文物》2000 年第 5 期)。

中字形大墓（M2）墓室及西墓道

韩伟先生曾有专文介绍。[1]其中有鸷鸟形金片4对8件。高52、宽32厘米。为钩喙，环目，突胸，屈爪。饰不规则的凹凸勾云纹。其中4件镂有10个形状各异的孔，推测原来可能有镶嵌物。小型金片共34件，包括口唇纹羽形、云纹圭形、兽面纹盾形、目云纹窃曲形等。高7.5～20.3、宽3.8～18.5厘米。甘肃省博物馆征集金饰片约20件，其中一部分形制与巴黎展出的相同，如口唇纹羽形和云纹圭形等。高7.5～13.5、宽3.5～9厘米。有一种组合兽面纹盾形金饰片较为奇特，其中部凸起一道纵贯金片的宽条纹，作为上中下三组兽面共用的鼻脊，三组兽面各不相同，上下两组为变体，下组已接近几何图案，唯中间一组眉、目、角、耳、鼻俱全，边缘分布8个钉孔，与巴黎展出的盾形饰片相同。另有一种竖线纹羽形饰片，小而窄。高4.2～4.6、宽1.05～1.1厘米。饰与轮廓平行的凹凸条纹，窄平一端有两个钉孔。甘肃省文物考古研究所还收藏有小型金饰片7件，为大墓中清理出土。礼县博物馆新征集口唇纹羽形金饰片5件。高12、宽7.4厘米。

B．金虎。巴黎展出金器中，有金虎一对，系以木为心外包镶金箔，分段铆接而成。通长41、高16、腹宽3～4厘米。虎身与尾连成一直线，颈部作杖首式弯曲。虎顾首，足前屈。身、尾朱绘虎斑纹。日本MIHO博物馆展出过一对金虎(据说为一寺院藏品)，形制、尺寸与巴黎展出者相近，唯虎首较大，背脊近颈处隆起，錾刻的虎斑纹密而规整。

②青铜器

A．鼎。上海博物馆收藏有购自香港的列鼎4件，形制、纹饰基本相同。最大一件高47、口径42.3厘米；最小一件高24.2、口径24.2厘米。为宽体，平沿外折，立耳宽厚，浅垂腹，平底微圜，三蹄形足，足上部饰三齿形扉棱。沿下和腹部均饰窃曲纹，耳部饰扁圆相间的重环纹，足部饰以扉棱为鼻脊的兽面纹。鼎腹内壁皆有铭文，二件为"秦公作铸用鼎"，二件为"秦公作宝用鼎"。已有学者对这批秦公鼎作了专门的研究。[2]甘肃省博物馆收藏有一批公安部门移交的铜礼器残件。其中鼎的残件130余块，分属7件铜鼎。现已修复形制、纹饰相同的列鼎3件，最大一鼎高41、口径40厘米；最小一鼎高31.5、口径31厘米。宽体，口微敛，平沿外折，立耳宽厚圆角，垂腹，平底微圜，三蹄形足接底处较靠内，足上部饰山字形扉棱。沿下饰窃曲纹一周，腹饰三排相错的垂式重鳞纹，颈腹间以两道凸弦纹相隔，耳部饰扁圆相间的重环纹，足部饰以扉棱为鼻脊的兽面纹。腹内壁皆有铭文："秦公作铸用鼎。"另有一鼎为征集品，高18.8、口径25厘米。沿外折，方立耳外撇，浅鼓形腹，三蹄形足。沿下与腹部饰蟠螭纹，足部饰兽面纹。疑出自大墓周围的中、小型墓葬，时代应较秦公鼎略晚。甘肃省文物考古研究所收藏有出自中、小型墓葬的铜鼎3件。据传香港还曾出现过形制、纹饰与上海博物馆所藏秦公鼎相同的列鼎5件，但无铭文。

B．簋。上海博物馆收藏有3件。形制、纹饰相同，且两件有铭文。较大一件高23.9、口径18.6厘米。弇口，盖捉手高大，盖沿坡度较陡，龙首形耳有珥，圈足下附3卷角兽首支足，虎爪状趾。盖顶捉手饰变形凤纹，盖坡沿与器口沿饰窃曲纹，目作乳钉状凸起，各组窃曲纹间饰浮雕牺首，盖沿8牺首向下，器沿6牺首向上，合盖后上下牺首两两相对。盖面与器腹饰瓦棱纹，圈足饰垂式重鳞纹一周。盖内与器内对铭，为："秦公作宝簋"。二簋铭文相同。甘肃省博物馆所藏公安部门移交的铜器残件中，属于簋的100余块，至少分属5件铜簋，可拼接成全铭的有2件，形制、纹饰相同。最大一件口径20、

---

[1] 韩伟《论甘肃礼县出土的秦金箔饰件》，《文物》1995年第6期。
[2] 李朝远《上海博物馆新获秦公器研究》，《上海博物馆集刊》第7期，1996年。

腹径 26.8 厘米。捉手较大，敛口，龙首形耳方短珥，鼓腹，圈足下附 3 个小兽蹄形足。盖沿及口沿饰窃曲纹，盖面与器腹饰瓦棱纹，圈足饰垂式重鳞纹。盖内与器底对铭为："秦公作铸用簋。"另有 1 件为征集品，高 8.5、口径 10 厘米。失盖，敛口，扁圆鼓腹，兽首形耳，圈足下承三短支足。口沿下及圈足饰窃曲纹，腹饰瓦棱纹。疑出自中、小型墓葬，时代略晚。甘肃省文物考古研究所收藏有出自中、小型墓葬的簋 1 件。

C．壶。出现在纽约的一对椭方壶，收录于拉利行出版的图录。李学勤、艾兰两位先生曾撰文作过介绍。[1]形制、纹饰与传世西周晚期的颂壶相近。通高 52 厘米。圈顶式盖，曲长颈，垂腹，兽首形耳扁垂环，宽边低圈足。捉手壁与圈足饰窃曲纹，盖沿饰双首龙纹，颈饰宽波带纹，腹饰大蟠龙纹。器口内壁铭文："秦公作铸尊壶。"上海博物馆收藏的一对椭方壶，略大的一件通高 50.8、腹宽 29 厘米。大圈顶盖，长颈，垂腹，宽边圈足，环形螺角兽首耳。盖面饰双首蟠龙纹，盖沿饰窃曲纹，颈部饰宽波带纹，腹部饰对称格局的交龙纹。形制、纹饰与上述出现在纽约的秦公壶近似。有学者认为这对龙纹方壶"应为甘肃礼县大堡子山秦公大墓所出，是为不具铭文的秦公壶"。通过对环形螺角兽首耳的分析，指出其时代可能略早于纽约那对壶。[2]

D．盘。甘肃省博物馆收藏 1 件，为征集品。通高 4.9、口径 16 厘米。方唇外折沿，方曲耳，浅壁，平底，圈足。腹部饰窃曲纹。疑出自中、小型墓葬。

E．钟、镈。日本 MIHO 博物馆收藏两套编钟，各 4 枚，皆为甬钟。其中一套最大一件高达 76 厘米，圆柱状甬，封衡，旋宽硕，干纽粗壮近方，平舞。二节柱形枚，枚端圆平，3 枚一组，钲两侧各横排 3 列。枚、篆区有粗弦纹界格，钲部远大于鼓部，铣间宽远大于舞宽，于深而铣尖。篆带饰变形夔纹，鼓部正中饰对凤纹。钲中呈长梯形，偏右侧铭文 1 行 6 字："秦公作铸和钟。"另一套形制、纹饰大致相同，规格却小，最大一件高 40 余厘米。钲部铭文 2 行 8 字，右行 4 字为"秦子作铸"，左行 4 字因所发表的资料不清未能释读。该馆还收藏一件椭圆口镈，通高 67.3 厘米。透雕扁体龙纹纽及扉棱。与有铭文的秦公镈形制、纹饰相同。上海博物馆收藏秦公镈 1 件，通高 38.5、铣间距 24.5、鼓间距 20.5 厘米。平于，椭圆口，口沿向内平折，舞面封实，器身略呈鼓形。4 透雕扁连环龙纹扉棱均分器身，透雕扁龙纹纽与两条侧扉棱相连，扉棱顶端饰昂首翘尾的鸟，舞部饰对称的龙纹。器表主纹饰由 4 扉棱分成 4 组，每组上层饰双首龙纹，下层饰形体各异的单首龙纹，纹饰区上下各有一周祥带。鼓部中央 2 行 7 字铭文："秦公作铸□□钟。"李朝远先生在介绍此镈的文章中还提到，同样形制和纹饰的镈，除了日本 MIHO 博物馆所藏外，台湾一位收藏家还藏有 1 件。美国一收藏家藏有秦公钟 3 件。注文中还披露马承源先生曾在海外见到过 5 件一组的巨型编镈，形制与秦公镈相同，但无铭文，现藏德国。[3]

F．车马器。甘肃省博物馆征集有軎辖 3 对，形制、纹饰大致相同。最完整的一对軎长 13.2、外径 5.5 厘米；辖长 11.2 厘米。軎为圆筒形，接毂部略粗，外端平顶。中部饰凸弦纹两周间以绹纹一周，贯辖一侧素面，外侧饰蟠螭纹，平顶沿饰横重鳞纹一周，平顶饰凤鸟纹。辖扁长条形，尾部斜角。首端饰双角兽首，耳后有横穿孔。礼县博物馆收藏有公安部门移交的軎一对，辖两件。軎形制相同，其

[1] 李学勤、艾兰《最新出现的秦公壶》，《中国文物报》1994 年 10 月 30 日。

[2] 李朝远《上海博物馆新藏秦器研究》，《上海博物馆集刊》第 9 期，2002 年。李先生文中言及甘肃省博物馆也藏有一对秦公壶，应系误传。

[3] 同[2]李朝远《上海博物馆新藏秦器研究》。

中一件长11.5、粗端径5.2、细端径4.3厘米。外端平顶，中部饰凸弦纹三周，贯辖一侧素面，外侧饰横式重环纹。辖扁条形，尾部斜角，通长10.6厘米。一件首端饰虎首，桃形耳较低，圆目，长鼻挺置目间；另一件首端饰兽首，角尖耳耸，长眉弧弯，核状目，圆突鼻。马镳一对，长11.2厘米。两端反向弯曲，上端圆弧，下端斜平。面饰两排重环纹，圆弧端饰凤首纹，斜平一端饰虎首纹。鎏金衡饰一对，长3.8、径3.5厘米。圆筒状，平顶，銎口内残存朽木，中部有凸起的圆箍，饰鎏金勾连云纹。甘肃省文物考古研究所还收藏有少量不成套的舌、辖及一些大小不等的铜泡，均出土于车马坑。

③其他

A．石磬。甘肃省文物考古研究所收藏5件，礼县博物馆收藏3件，均出自中字形大墓。从石质看应属两套。礼县博物馆所藏最大一件为青白色大理石质，长87.5、最宽30、厚4.4、孔径3厘米。

B．玉器。甘肃省文物考古研究所收藏素面玉琮2件，出自两座大墓的腰坑中，其中一件(M2)为深棕色，长7.2、高5.2厘米；一件(M3)浅绿色，长6.8、高6.1厘米。小型玉鱼若干件。玉玦3件出自中字形大墓西墓道殉人处。

C．陶器。甘肃省文物考古研究所收藏一批陶器(或残片)，其中有喇叭口罐、鬲、盆、豆等，还有仿铜陶礼器，大部出自中、小型墓葬。礼县博物馆收藏有若干陵园墓上建筑的碎瓦片，其中较完整的一件瓦当直径16.4厘米，中部圆环内饰菱格纹，外饰平行四出双弦纹，周边饰卷云纹。

D．漆匣。中字形大墓出土一件纹饰艳丽的漆匣，长方形匣体由多块近方形的皮革缀连而成，厚约8～10层，每层均髹漆，已严重腐朽。匣上用朱、黑二色漆勾绘反向双凤纹，图案相互套连。

大堡子山陵园的时代和性质，决定了它在反映秦文化面貌方面具有更集中、更典型的意义。尽管出土器物绝大部分流失，已披露的资料零散、单薄难成系统，既无完整的器物组合，也无法将已知器物与具体墓葬确切对应。但诸多信息向我们显示，秦文化与中原文化是融为一体的。不论在丧葬制度与习俗上，还是在器物形制与纹饰上，秦人都延续着商周以来华夏民族的基本传统。在青铜器的制作上尤其如此，秦器完全是西周青铜器的承袭。如在器形上，鼎为立耳垂腹蹄形足，只比西周晚期流行的同形鼎腹略浅，底更近平，蹄足更大些。簋基本也是西周晚期流行的形制，只是垂腹已不甚突出，盖的坡缘稍陡些而已。椭方壶与西周晚期的形制更具一致性，许多学者认为其差别仅在于周器腹径略大，而秦器颈部曲率略小。钟、镈的形制也皆承周制。在纹饰上，秦器使用的均为西周晚期盛行的图案，如垂鳞纹、波带纹、窃曲纹、瓦棱纹、重环纹。器物上几种主要纹饰的布局，也是对周器的仿照。铸造工艺也遵循周人的传统，但技术水平尚存在差距。有的器形欠规整，器壁厚薄不匀，纹饰也较粗糙，有些铭文系錾刻而成。李朝远先生研究了上海博物馆所藏秦公鼎、秦公簋后指出：“秦公诸器的铸造，颇有西周晚期的气度，却缺乏西周器的精致。”在谈到鼎的蹄足断面呈内凹半空弧状时，认为其原因“可能是秦国工匠尚未掌握内范悬浮法所致”，“说明秦人尚未掌握大型器内外范的等距技术”。[1]铭文字体与西周晚期的虢季子白盘铭文接近，而更加规整隽美，已开始呈露秦字整齐劲秀的风格，可视为西周金文稳定发展的主流。西周金文中“秦”字有含“臼”和省“臼”二体；“铸”字存在省“火”、省“金”或二者皆省的不同写法。大堡子山秦器铭中“秦”字也是含“臼”省“臼”二体并存，而大都省“臼”；“铸”字也多省“金”或“金”、“火”皆省。

[1]　李朝远《上海博物馆新获秦公器研究》，《上海博物馆集刊》第7期，1996年。

中字形大墓（M2）出土凤鸟纹漆匣

中字形大墓（M2）出土凤鸟纹漆匣纹饰摹本（约1/2）

如果将目前所知时代最早的秦器不其簋盖铭文以及时代晚于大堡子山秦器的太公庙秦武公钟、镈铭文,与大堡子山秦公诸器铭文对照观察,不难发现三者之间的演变规律,后者正是前二者之间的过渡。

赢秦的崇鸟情结,在大堡子山秦陵器物中有突出的反映。赢秦本为阳鸟部族的一支,是以鸟为图腾的。《左传》昭公十七年载郯子语,说少昊名挚,《逸周书·尝麦》说少昊名质,其字本当作"鸷",为一种猛禽。以大型金鸷鸟装饰秦公棺椁,便是很典型的例证。在巴黎展出的鸷鸟形金片,在喙、首、背、腹、爪等部位均匀地分布着若干细小的双孔,应为钉眼,且全都是正面打磨光亮,背面则暗涩未作加工,表明它们确系钉在棺椁上的饰物。而那些为数甚多的口唇纹羽形饰片,则可能为鸷鸟身上的羽饰。韩伟先生在分析了赢秦鸟始生神话传说之后,认为"在秦人氏族首领的棺具上,用鸱枭为主要装饰是顺理成章之事"。[1]

### 3.关于墓主

大堡子山秦公陵园发现后,学者们首先关注的是墓主问题,而墓主问题又首先是个时代问题。对于大堡子山秦陵的大致年代,学界无多歧义。因为陵区出土器物的形制、纹饰和铭文,均具有西周晚期到春秋早期的时代特征。

《史记·秦本纪》记载非子一族脱离大骆主族被封于秦地,直到庄公时才重返西垂。也就是说,自非子至庄公以前的几代秦君,其墓葬都不在西垂域内。而大骆主族的首领,与"秦"无关,是不称"秦公"的。即以非子一族而言,称公也只能自庄公始。《史记》对秦君称号使用语十分严格,庄公以前绝无称公之例。民国年间出土于礼县东境的秦公簋,宋代已有著录的秦公镈,被公认为春秋中期器,其铭文上溯先公曰"十又二公",这也是秦君称公不早于庄公的例证。对于庄公之后历代秦君的葬地,《史记·秦始皇本纪》文后附录均有记载。襄公葬于西垂。文公虽已迁汧,但死后归葬于西垂。继文公而立的宪公,葬于衙,《集解》引《地理志》云:"冯翊有衙县。"但宪公葬地《秦本纪》又说是"葬西山",由于同篇也说文公葬西山,如文公所葬西山即西垂西面之山的话,宪公也当葬于同地。对《史记》这两种相互矛盾的说法,笔者认为当从《秦始皇本纪》之附录,因为它可能采自《秦记》,比较可靠;而《秦本纪》言宪公葬西山,则可能有误。对于文公之葬西山,《集解》引徐广谓"在今陇西之西县";对于宪公之葬西山,《正义》则引《括地志》云"在岐州陈仓县西北三十七里秦陵山"。宪公之后的秦君,陵墓皆在关中,考古发现已经证实。这样,有可能成为大堡子山陵园主人的,便只有庄、襄、文、静四公。

庄公虽然称公,但那是其子襄公封为诸侯后对其父的追称,那是他去世7年以后的事,他死时身份仍是大夫,不可能随葬有"秦公"铭文的器物。静公是文公的太子,宪公之生父,未及即位便早逝,但后世却称他为公,因为他属秦国公室直系大宗,具有宗子身份。出土于宝鸡太公庙的秦武公钟、镈,铭文中有"剌剌郡文公、静公、宪公不坠于上"的颂语。但和庄公一样,他的称公也只能是其子宪公即君位后的追称。静公以太子身份去世,那时其父文公还在位,当然不会用公的葬仪安葬太子。据以上推论,随葬器物铭文称公的秦君,应当把庄公和静公排除在外。那么,大堡子山陵园的主人,最大可能便是襄公和文公。这也是目前多数学者的认识。

在此基础上我们还可再作进一步思考,探讨一下两座大墓的具体墓主。从墓葬位置看,目字形大

---

[1] 韩伟《论甘肃礼县出土的秦金箔饰件》,《文物》1995年第6期。

墓(M3)在北(在上)，中字形大墓(M2)在南(在下)。按先秦时期在山坡地带规划族茔的惯例，一般是以上为尊，先在高处营墓，后代依次葬于其下，同辈人的墓葬则大都安排在同一高度的层面上。依此而言，M3应为襄公墓，M2为文公墓。从墓葬规格看，M3全长115，墓室口长24.65、宽9.80，墓深16.50米；M2全长88，墓室口长12.10、宽11.70，墓深15.10米。二墓有相当差距。襄公为开国之君，文公墓的规格不可能高于其父。从墓葬形制看，M3为变形了的目字形墓，M2为典型的中字形墓。中字形墓是诸侯习用的墓葬形制，秦为诸侯国自襄公始，襄公以前的秦君不用中字形墓，所以秦人对这种墓葬形制很陌生。襄公封为诸侯仅5年便死于戎事，故其墓葬形制仍采用传统的目字形，只是增大了规格，墓室上部南北两侧略呈弧形外扩，这应当说是一种向中字形墓过渡的现象。文公则为诸侯已久，秦人活动中心已移到关中，对诸侯的中字形墓制已十分熟悉。秦君采用中字形墓应从文公开始。

最能说明问题的是两座大墓出土器物显示出的时代等特征。甘肃省博物馆收藏的那批残损铜器，为公安部门侦破盗墓案的缴获品，经盗墓者至现场指认，它们均出自M3。在陵区发掘清理过程中，也发现M3墓室历史上确曾发生过坍塌，还清理出盗余的原来已破碎的小铜器片，证明这些残损铜器为同一墓的器物。由于大墓只有两座，既然这批残器出自M3，那么，推测上海博物馆收藏的完整无损的秦公器，应出自M2。

甘肃省博物馆、上海博物馆收藏的两批秦公器分别出自M3和M2，它们在形制、纹饰等方面又存在时间先后的差异，前者略早，后者偏晚。以鼎为例，甘肃省博物馆所藏鼎垂腹更宽深，足跟较内扰。腹部以垂式重鳞纹为主纹饰，鳞片大而粗疏，颈部饰以独体凤鸟为母型的窃曲纹，为突目对称式。而上海博物馆所藏鼎垂腹已呈回缓趋势，三足跟向外偏移，足底也更粗大些。颈、腹部皆饰凤鸟为母型的窃曲纹，腹部窃曲纹为双层繁复式，凤喙被强化，分尾断羽。二者相比，显然后者时代较晚。又如壶，目前已知大堡子山陵区出土两对方壶，可能分别出自M3和M2。李朝远先生认为上海博物馆新入藏的那对交龙纹方壶，时代要略早于出现在纽约的那对秦公壶。[1]笔者推测，上海博物馆那对壶应出于M3，即秦襄公之墓，属未被砸碎的幸存者。之所以未铭秦公，可能为襄公未封诸侯前作器。李学勤先生曾经指出，大约每隔50年，青铜器在形制、纹饰、铭文及制作工艺诸方面，就能看出较明显的变化。[2]秦襄公和秦文公的去世，相距恰巧是50年，以至于两墓的随葬器物能呈现出时代早晚的变化。此外，在器物的精美程度上，两墓也颇有不同，M2比M3精致、华贵。秦襄公时秦立足未稳，百业待兴，青铜工艺尚处较低水平。其在位时间也较短，以至死后随葬器物制作简率，铭文錾刻而成，并以生前未称公时之用器配置其中。文公则不同，他在位50年，其间秦已战胜相邻诸戎，控制了关中西部，使秦国在政治、经济、文化等方面得到全面发展。所以，文公的墓葬规格虽不能超越襄公墓，但其随葬器物的丰富精美自非襄公所能比的。据说M2还出土过一件特大铜方鼎，包括鸷鸟在内的大批金饰片也出自M2。这些信息也支持了我们认为M2为文公之墓的推断。

有学者主张大堡子山秦陵为一位秦公与其夫人异穴合葬的陵园，M2为襄公墓，M3为襄公夫人墓。[3]对此我们的意见不同。首先，两座大墓的时代差距就和这种说法难以相容。M3早于M2，而其器物已铭"秦公"，如为襄公夫人之墓，表明她应死在襄公受封诸侯之后，襄公去世之前，而襄公是在受

[1] 李朝远《上海博物馆新藏秦器研究》，《上海博物馆集刊》第9期，2002年。
[2] 李学勤《失落的文明》，第44～45页，上海文艺出版社，1997年。
[3] 戴春阳《礼县大堡子山秦公墓地及有关问题》，《文物》2000年第5期。

封诸侯的第五年去世的，也就是说，两墓的时差最多不超过5年。这显然与随葬器物的形制、纹饰出现较大变化不符。其次，M3在上且规格较大；M2在下且规格较小，襄公墓小于夫人墓且位处夫人墓之下，这是难以解释的。再次，说M3为襄公夫人墓，器物铭文中没有任何记载。而大堡子山陵区已知发现的器物铭文中，除了一例作器者为"秦子"外，其余全部为"秦公"，所以说M3为襄公夫人墓是缺乏铭文上的依据的。

# 三　圆顶山秦贵族墓地

### 1．墓地发掘概况

圆顶山位于礼县永兴乡赵坪村西北侧西汉水南岸，与大堡子山隔河相望，距离约3公里。西和河(古建安水)由南而北，经圆顶山东麓脚下与西汉水合流。圆顶山北坡是一片较为平缓、宽广的河谷台地，这一带往昔曾多次出土先秦器物，上世纪90年代许多古墓被盗扰。1998年春，又有几座古墓被盗，礼县党政领导闻讯后立即决策，果断行动，在盗墓者尚未彻底得手前便控制了局面。在请示上级主管部门后，在甘肃省文物考古研究所指导下，由礼县博物馆对部分墓葬进行了抢救性清理、发掘。经初步判断，圆顶山北坡是一片范围较广、跨时甚长的秦国墓地，既有春秋早期也有春秋中、晚期乃至战国时期的墓葬。从已揭露的情况看，皆为贵族墓葬。

清理、发掘工作前后进行了两次。第一次在1998年2~6月，共清理、发掘墓葬3座(98LDM1~98LDM3)和车马坑1座(98LDK1)。第二次在2000年5~7月，发掘墓葬1座(2000LDM4)。这批墓葬虽被盗扰，但因该地区地下水位较高，墓圹大量积水，盗墓者不敢横向探掘。另外，有关部门行动及时，

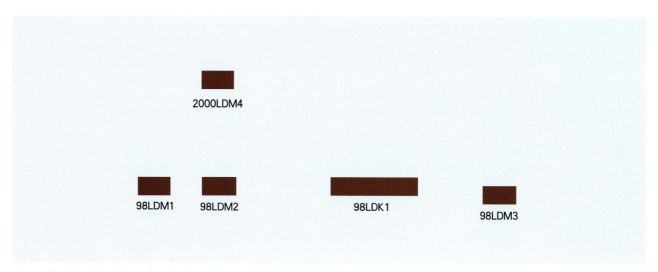

圆顶山秦贵族墓地墓葬位置示意图

使大部分随葬器物得以保存，发掘收获甚丰。[1]

98LDM1 位于诸墓的最西端，为圆角长方形直壁竖穴土圹墓，方向 275°。东西长 4.90、南北宽 2.80、现存墓口至墓底深 7 米。地表为耕土层，原貌不清。墓室填土经夯打，南、北壁光滑，并有生土二层台，台面距墓口 5.70 米，南台宽 0.45、北台宽 0.46 米。墓室西北角和东部各有一盗洞，墓底出水。葬具为一椁一棺，木质腐烂，结构不清。据存迹可知椁宽 1.95、残高 1.35 米，椁底板下有东西向垫木 2 根，有厚约 0.10 米的黄膏泥层。长方形棺，尺寸不清，棺内残留大量朱砂，棺底四角有铜饰片。骨骼朽甚，葬式不明。墓底中部偏东有一腰坑，长 0.60、宽 0.40、深 0.10 米。坑内殉狗 1 只，头

圆顶山秦贵族墓地远景

[1] 甘肃省文物考古研究所、礼县博物馆《礼县圆顶山春秋秦墓》，《文物》2002 年第 2 期；甘肃省文物考古研究所、礼县博物馆《礼县圆顶山 98LDM2、2000LDM4 春秋秦墓》，《文物》待刊。

二号墓(98LDM2)墓室

西面北，颈部系铜铃1件。南侧二层台上开斜方形袋状壁龛。长1.60、高0.80、深0.50米。内殉1人，髹红漆棺，棺长1.36、宽0.48、高0.40米。殉人头西面南，侧身屈肢，双手交于腹前。颈后置玉匕1件，左、右手各握四棱状石器2件，小腹前置玉玦1件、玉片2件，口内有圆柱形孔雀石琀。北侧二层台上开两个弧顶长方形壁龛，内各殉1人。东面壁龛长1.20、高0.80、深0.50米，髹红漆棺，棺长1.12、宽0.40、高0.34米。殉人头西面北，侧身屈肢，双手交于腹前，颈后有圆柱形石器2件及串珠，两小臂间置石、骨鱼各1件，面部及颈上部置贝币，口内有圆柱形孔雀石琀。西面壁龛长0.90、高0.50、深0.40米，无棺。殉人仅存身体下部，足东向，仰身屈肢，左手握玉饰1件，臀部置玉片3件，头部位置有圆柱形石器1件。

墓内出土铜器22件，计鼎6、簋2、方壶2、圆壶1、扁圆盉1、椭杯1、匜1、盘1、方盒1、车形器1、铃3、棺饰2。玉器8件，计匕1、玦1、饰件1、片5。石器有圭、鱼、琀、饰件等14件。陶罐7件。另有贝币9枚，串珠3枚，骨鱼1件。

98LDM2在98LDM1东侧，相距约10米，在诸墓中规格最高。亦为圆角长方形直壁竖穴土圹墓，方向 275°。东西长 6.25、南北宽 3.25、深 7 米。墓上有近年平整田地形成的较厚垫土，原地貌不明。墓室壁经修整，东北角两侧距角线约 0.35 米处各有纵列 6 个供上下用的脚窝，窝间距 0.35 米，平底弧顶呈马蹄形。东壁脚窝南侧约 0.60 米处有一道纵向凹槽，上宽下窄，系掘墓时拉拽盛土容器造成的绳痕。墓室填五花土，经夯打。填土中夹有木炭、草木灰、料礓石及兽骨等。四壁均有生土二层台，台面距墓口约 5.40 米。东台宽 0.30、西台宽 0.40、南台宽 0.56、北台宽 0.68 米。墓室西北、西南角各有一圆形盗洞，口径约 0.80 米，直通墓底，洞底部随葬器物被盗。一椁一棺，已朽，个别部位可见板灰。据板灰痕迹，椁长约 5.50、宽 2、高 1.60 米。顶与底均用圆木拼成，四壁为嵌板，椁下有约 0.10 米厚的黄膏泥层。棺之朽迹已不能显示规格，只辨出髹朱、黑二色漆，棺内残留大量朱砂，棺底两侧嵌有长方形铜饰片。尸骨朽腐过甚，葬式不明。棺下有长方形腰坑。墓室大量积水。南、东、北壁二层台上各开一弧顶长方形壁龛，南龛内殉 3 人，东、北两龛各殉 2 人。龛底距墓口约 5.10 米，殉人均有髹朱漆棺。南龛殉人皆头西面北，2 人侧身屈肢，1 人葬式不明。有的颈下、腹部置石圭、石棒等，有的颈部有玉玦，手握玉璜、玉玦等。东龛殉人头北面西，侧身屈肢，颈部有石玦，1 人手握玉片。北龛 2 殉人头西面南，侧身屈肢，颈部有玉玦、串珠等。

墓内出土铜器 38 件，计列鼎 4、带盖鼎 1、簋 6、方壶 2、圆壶 1、扁圆盉 1、盨 1、匜 1、盘 1、盆 1、戈 4、剑 3(仅存柄部)、削 2、铃 8、棺饰片 2。玉器 32 件，计璧 3、玦 5、圭 15、璜 1、环 1、贝 3、斧 1、四棱形饰 1、片状饰 1、珠 1。石器 23 件，计管 2、凿 2、剑 1、璧 2、玦 2、圭 3、琀 1、四棱形饰 1、串珠 9。陶器 8 件，计鬲 1、瓿 1、大口罐 4、鼓腹罐 2。另有铁剑金质首、格各 1。

98LDM3 在 98LDM2 以东略偏南，相距约 102 米，圆角长方形直壁竖穴土圹墓，方向 275°。东西长 4.80、南北宽 2.60、深 6 米。墓壁光滑平整，填五花土，经夯打，南、北两侧有生土二层台，台面距墓口约 5 米，南台宽 0.30、北台宽 0.20 米。墓室西北角有一盗洞，墓底出水。一椁一棺。结构与长度不清。据残迹知椁宽 2、残高约 1 米，椁底有厚约 0.10 米的黄膏泥层。骨骼朽甚，葬式不明。棺内残留朱砂。北壁稍高于二层台上开一圆角长方形龛，长 1.66、高 0.66、深 0.90 米。内殉 1 人，无棺，有草席裹具痕迹，仰身屈肢，头西面南，两臂弯曲于腹部，头左侧置石圭 2 件，颈、胸、足部各有石饰，左手握碎玉块。

墓内出土铜器 9 件，计鼎 1、尊 1、铃 5、戈 1、剑 1。石器 10 件，计玦 1、圭 5、饰件 4。陶器 5 件，计鼎 2、罐 3。另有骨贝 4，獐牙 1。

2000LDM4 位于 98LDM2 北侧的一级台地上，低于 98LDM2 约 1.90 米。墓上有平整耕地形成的约 0.50 米的垫土层，圆角长方形直壁竖穴土圹墓，方向 274°。东西长 4.85、南北宽 2.65 米，深约 6.20 米。墓壁修整，墓室填五花土，经夯打。由于盗扰面积较大，墓室又曾发生过坍塌，加以积水甚多，故葬具结构、规格与葬式不明。只辨出棺曾髹漆，棺下有长方形腰坑。

墓内出土铜器 14 件，计鼎 5、簋 4、方壶 2、瓿 1、盨 1、圆盒 1。玉器 6 件，计圭 4、觿 2。石器 11 件，计圭 9、鱼 2。

98LDK1 为车马坑，位于 98LDM3 西北约 20 米，98LDM2 以东约 80 米。由于 2000LDM4 东侧约 10 米处有一被盗车马坑(未清理)应属于 2000LDM4，故发掘者认为 98LDK1 为 98LDM1 与 98LDM2 这组墓葬的车马坑。但二者相距太远，且附近还有另外的被盗墓葬，所以，在墓地未作全面勘察前，98LDK1 的归属尚难断定。

车马坑(98LDK1)

车马坑(98LDK1)首乘发掘情形

    98LDK1为长方形竖穴土坑，方向266°。长18.80、宽3.15、深4米。坑壁近直，经修整，内葬车马一列5乘，辕东舆西，前后相随。第一、三、四乘为驷马，第二、五乘两马挽驾。首乘四马服具齐全，骨骼完整，骨下垫有苇席；余车之马均为剔骨葬，马骨用漆皮包裹，多处放置铜泡。入葬前先按车舆及双轮尺寸挖坑，然后将各车分别置入。以首乘为例，舆坑长1.92、宽1.10、深1.20米。两轮轨距2.08米，轮径1.32米，辐条28根。两毂中部较粗，两端渐细，近似纺锤形，各长0.52米，轮外部分长0.26米。车轴通长2.86米，中部粗而贯毂处较细。舆下部分径0.11米，两端径0.06米。辕长2.92米，末端压在车轴正中，十字相交，交点至踵长0.41米，横截面呈圆形，前、中、后三部分径长分别为0.08、0.10、0.12米。车衡压于辕的前端，榫卯套合。衡长1.23米，中间粗，两端细，端末套有铜衡管。辕、衡均髹褐色漆。舆底由四轸构成长方形外框，轸木宽0.05、前后长1.70、左右宽0.78米。轸下纵设两根与轸同宽的方木条，位处辕的两侧，以加固轸木，承受车舆底板。舆底板由5块宽0.11~0.15米的木板组成，髹黑漆。舆四周都有遮栏痕迹，结构与规格不详。舆顶设车伞，为木质，圆形，径1.34米。舆内殉一御手，头西面北，侧身屈肢，双手放于腹前，右手握小玉饰，身上有朱砂，头左侧随葬一陶鬲。

坑内出土铜车构件16件,计軎4、辖2、衡帽5、带扣4、盖弓帽1。铜马具、马饰180件,计衔10、镳19、铃2、环12、泡34、节约16、管85、绳卡2。其他铜器有镞90枚、带扣1件。陶器4件,计鬲2、罐2。骨角器8件,计绳卡5、管1、饰件1、鹿角1。另有长条形玉握1件,贝璧4枚。

**2.墓地的时代与性质**

这批墓葬虽经盗扰,但大致面貌清晰。墓葬形制和随葬器物都显示出高度的统一性,它们无疑属于同一时代。发掘者将其定为春秋早期,但综合考察各种因素,特别是出土器物的特征,似不宜排除春秋中期或春秋中期偏早的可能性。让我们以铜器为例略作分析。

①礼器

秦国鼎的形制基本上是沿着西周后期较为流行的垂腹蹄足形发展而来,但腹部有越来越浅、下垂度越来越回缓的趋势;蹄足有越来越粗大、足根越来越外移的趋势。只要将大堡子山所出秦公鼎与圆顶山所出列鼎略加对比,便会发现,后者已是圆鼓腹,仅微露垂意,且变得更浅;而足部已粗壮得与鼎腹不成比例,足根已外移至接近腹中部的位置,蹄底已阔大成台。二者之间显然存在较大的时间跨度。大堡子山所出秦公簋,还完全保留着西周晚期簋的特征,盖顶捉手较高,盖沿坡度较陡,圆腹略下垂,双耳大且下有珥,圈足下三支足高挺且兽首与兽足界线分明。圆顶山所出簋则全然不同,盖顶捉手较低,盖沿坡度较缓,腹部已完全呈扁圆鼓形,毫无垂意,双耳退化且已略上翘,耳下无珥,三支足低矮,兽首紧靠兽足。此外,圆顶山所出青铜礼器中,已有三曲尺形纽的平盖附耳鼎和圆腹阔流无足匜,方壶的束腰下移且弧度增大,这些形制在春秋早期器物中少见。在器物的纹饰方面,被认为春秋中期才盛行起来的细密蟠虺纹,在圆顶山出土器物中已大量出现。不仅在礼器上,在兵器和车马器上,蟠虺纹也都具有明显的优势,这同大堡子山出土器物不见蟠虺纹形成鲜明的对比。大量附饰鸟、虎、熊等动物,是圆顶山铜礼器的另一特色,动物造型小巧玲珑,生动活泼,是春秋早期青铜器制作所不具有的艺术风格。

②兵器

圆顶山墓地共出土剑5件,4件为铁剑,其中3件仅存铜茎,1柄仅存金首金格。铁剑所占比例,也说明时代应属偏晚。3件铜剑茎皆饰镂空蟠虺纹,5件戈均为圭首短援长内式。所出箭镞两翼明显收削,且出现镂空形式。以上种种,都是春秋中期才开始多见的兵器特征。

如前文所述,除此次发掘清理的墓葬以外,在圆顶山还出土过不同时期的器物,说明整座墓地跨时甚长。如礼县博物馆收藏一套9件编钟,出自圆顶山北坡,时代属于春秋晚期。还有春秋时期的人形灰陶瓶、战国时期蟠虺纹圆壶。另外,甘肃省博物馆前些年收藏的一件春秋晚期"羊侯永用"剑,以及现藏陕西历史博物馆的战国"工师文"罍,据传也都出自这一带。

圆顶山墓地跨时长,它与大堡子山秦公陵园隔河相望,再结合前文所论西垂古邑应就在东面不远的位置,我们初步判断这里就是秦国早期的国人墓地。据《周礼·春官·宗伯》记载,周代国君陵园与国人墓区是分域规划、分别管理的。当时秦国不一定有周人那么严格的族茔制度,但公陵与国人墓葬必然各有区域。按照当时墓地尚高的传统习俗,公陵须建于高处,而国人墓地则应比公陵更靠近国都,地势也应更加开阔。综观大堡子山以东的川原形势以及都邑位置,圆顶山北坡作为国人墓地也是最合理的选择。已发掘、清理的只是比较集中的几座贵族墓葬,他处或附近应当有更多的平民墓葬,有待今后全面勘察。

须指出的是，嬴秦被封为诸侯国后不到10年，就把都邑东迁至"汧渭之会"(文公四年，前762年)，所以在西垂地区尚未形成严密、整齐的诸侯国规格的族茔。但这里是嬴秦的桑梓故土，有他们的先祖宗庙，又是控制陇右诸戎，联结巴蜀的战略要地，因此，一批公室贵族长期留驻于此，原国人墓地必然被延续使用。据文献记载，秦襄公曾在西垂"立西畤，祠白帝"；献公所立之"畦畤"，也应在西垂。后世之祁山，很可能就是文献所言"人先山"，山上有"人先祠"，是秦人祭祀其祖神少昊的场所。秦文公虽迁都于汧，但死后仍归葬于西垂。宪公未即位前一直居于西垂，即位后徙居平阳，而其子出子却仍"居西陵"。而"西陵"应是指西垂地区的公陵，即今大堡子山陵园。战国初年献公即位前也长期生活在西垂。这些事实都说明嬴秦一直把故都西垂看作祖邑邦基，有公室贵族在那里守护宗庙公陵。文献记载战国后期赵国为秦所灭，赵国王族后裔胄公子嘉流亡代地，被立为代王，后秦又灭代，嘉降于秦。秦命嘉之子公辅主管西戎，这支赵国贵族"世居陇西天水西县"。[1]秦与赵同姓同祖，公子嘉一族远徙陇右并不单纯是为了"主西戎"，应还肩负卫护嬴姓故土、守望先祖陵庙的使命。民国年间出土于礼县东境的名器秦公簋，系有长篇铭文的宗庙重器，铭文云"十又二公，在帝之坏"，作器者应为秦桓公，其形制、纹饰特征显示为春秋中期的器物。是时秦已久都于雍，宗庙祭器何以出土于礼县境内?簋身另有秦汉间凿刻文字："西元器，一斗七升八奉敦。"很能说明问题。"西元器"者，西邑原存秦人宗庙之器也。王国维对此有过确当解释："西者，汉陇西县名，即《史记·秦本纪》之西垂及西犬丘。秦自非子至文公，陵庙皆在西垂。此敦(按应为簋)之作虽在徙雍以后，然实以奉西垂陵庙，直至秦汉犹为西县官物，乃凿款于其上。"[2]《史记·秦始皇本纪》载始皇死后群臣向二世的奏言中称："先王庙或在西、雍，或在咸阳。"西垂、雍、咸阳是嬴秦历史上居时最久、影响最大的三处都邑，祖茔最多，宗庙最盛，故祭祀活动一直备受重视。延至秦统一天下，西垂祭统未断。《史记·封禅书》云始皇时"西畤、畦畤祠如故，上不亲往"。咸阳距西垂太远，始皇不能亲自去参加祭仪，但当地必有宗室贵族主持其事，所以才能"祠如故"。

综上所述，秦都东移后西垂地区仍为秦国重要腹地，并有公室贵族留守，其国人墓地也便一直被延续使用。国人墓地是族葬制度的产物。聚族而居必然要聚族而葬，血缘关系相近的族体拥有共同的墓地，墓地经过统一的规划，其位置就在居邑的附近。嬴秦族从西周前期起便以赵为氏，其族众后来皆姓赵，故西垂地区在春秋时期完全是赵氏的天下。战国末年赵国公子嘉一族的迁居，更加强化了赵氏族众的优势。以至2000多年后的今天，礼县东部赵姓居民仍占最大比例，大堡子山和圆顶山周围地区更为突出。大堡子山西侧有村庄名赵坪，圆顶山东侧也有村庄名赵坪，它们分别守望着嬴秦公陵和国人墓地，隔西汉水而相呼应。

### 3．出土器物

圆顶山墓地出土器物以铜器为大宗，充分显示了在春秋中期前后秦国青铜制造业的迅速发展。如果说西周末、春秋初秦人的某些铜礼器还可能出自周人匠师之手，圆顶山贵族墓葬所出铜器恐怕已完全是秦人的作品了。由于各墓都不同程度地遭到盗扰，所出器物已非全貌，只能窥其大略。铜礼器中有鼎、簋、盨、方壶、圆壶、盉、盘、匜、瓶、尊、盒、车形器等，基本组合为鼎、簋、壶、盉、盘、

---

[1] 《通志·氏族略》。
[2] 《观堂集林》卷一二。

匜、瓿。在形制和纹饰方面，这批铜礼器和大堡子山秦陵所出器物相比有显著变化。如鼎腹的下垂趋缓甚至完全变圆，鼎足已无扉棱，簋耳不再丰大且已无珥，三圈足变矮，垂鳞纹退居次要位置，兽面纹已很少使用等。有些因素则被发展强化，如鼎的蹄足更加粗壮并且根部大幅度外移，蹄底阔而成台，方壶口壁外张，束颈下移成束腰且曲率增大，波带纹使用频率升高等。有些因素开始出现，如细密蟠虺纹大量使用，方壶双耳有高支附饰，平盖附耳鼎和短颈鼓腹环耳壶等。有些因素则被保留，如鼎的浅腹风格以及在足部纹饰下凸起一道圆箍，簋盖与腹饰瓦棱纹，凤鸟形窃曲纹形成了对称与不对称两种规范化图案等。以上种种趋向，融合起来便显示出春秋时期秦国青铜器的基本特征。这种有别于东方列国青铜器的独特风格，在圆顶山时期已大致形成。

最能展现这批秦国青铜器特色的，是器物上的蟠虺纹。给人的印象是此时蟠虺纹已进入全盛期，被装饰在各类器物上。鼎的纹饰具有较强的保守性，新纹饰与传统纹饰的交替相对较慢，所以圆顶山墓地所出铜鼎的主纹饰有多种组合。如有的颈饰窃曲纹，腹饰波带纹；有的颈饰窃曲纹，腹饰垂鳞纹；有的颈饰蟠虺纹，腹饰波带纹。上海博物馆收藏的圆顶山秦墓5件列鼎，[1] 其纹饰与上举后一种纹饰基本相同。这种纹饰组合，圆顶山秦墓所出是目前所知年代最早的。

圆顶山各墓所出铜簋的纹饰均以蟠虺纹和瓦棱纹为主。由于这一时期的簋盖缘坡度变缓，器腹趋圆阔而不再下垂，使盖坡缘和腹上部装饰的蟠虺纹具有主体纹饰的地位。在其他类型器物上，蟠虺纹同样突出，如壶、盉、盨、盘、盒、车形器，乃至车马器和剑柄等，蟠虺纹皆处主要位置。有些器物纹饰图案线条宽疏，但其穿插组合却仍是蟠虺纠结的格式，可视为蟠虺纹的变体。蟠虺纹被大量、普遍地使用，一方面显示了秦人的审美观念，另一方面也标志着青铜工艺发展到了一个新的阶段，即模印法出现并广泛使用。

圆顶山墓地所出铜器中有一件异形簋颇引人注目。此簋出自98LDM1，高16.4、口径18.4厘米，弧形盖，顶部较平，细颈小圆捉手，圆腹较宽，低圈足，通体饰蟠虺纹配瓦棱纹。簋体无耳，只在通常设耳部位各铸有上下两个乳状突起，发掘简报称之为"对称的小纽形耳"。其实它们应是镶嵌在耳内的接榫，耳已缺佚。在墓中曾出土过一只簋耳，虽不属此簋，但可证明当时是使用了耳、身分铸的方法。此外，簋圈足沿部有等距离分布的3个孔洞，可能是用来嵌镶附足的。盖面捉手两侧还有2个小圆孔，用途不明。

铜器中最独特的器形应首推98LDM1所出车形器。此器四轮，无辕，方舆，有盖。盖可通过旋动舆厢四角安装的立鸟而锁定或开启。当四鸟方向同舆向一致，厢盖可开；方向同舆向错位，则厢盖锁住。每轮辐条8根，吾辖俱全，转动自如。盖上有熊纽和人形纽(人首断失，经修复)。舆厢四角各附一只昂首向上的行虎。厢盖及四侧饰蟠虺纹。全器通高8.8，舆厢长11.1、宽7.5、高2.9，轮径4厘米。发掘简报将此器定名为"四轮方盒"，认为"可能是妇女放置首饰化妆品的专门用具"，[2] 并据此推断98LDM1的墓主为女性。韩伟先生在2000年参观礼县博物馆时，则主张这是一辆辇车。1989年山西闻喜晋墓曾出过一件与此相类似的器物，这件器物除顶部有两扇厢盖外，又在舆前设可开启的门，门旁立一断左足的裸人，柱杖扶门闩。厢下为六轮，两大四小。厢顶盖纽为一蹲猴，四角同样安装四只由短柱撑起的大鸟，舆厢四角棱也是附饰四虎，为回首下顾的镂空卧虎。器被定名为刖人守囿铜辇车。[3]

[1]　李朝远《上海博物馆新藏秦器研究》，《上海博物馆集刊》第9期，2002年。

[2]　甘肃省文物考古研究所、礼县博物馆《礼县圆顶山春秋秦墓》《文物》2002年第2期。

[3]　国家文物局主编《中国文物精华大辞典·青铜篇》，上海辞书出版社、商务印书馆(香港)，1995年。

如此看来，圆顶山98LDM1所出这件车形器也当为軴车。所谓軴车，指先秦王公贵族丧礼中运送灵柩之车，不用马驾，而由死者亲属、臣僚、至友等执绋牵挽而行。关陇地区民间至今流行出殡时由直系亲属棺前"扯纤"的习俗，即古代軴车制度影响下的遗风。軴车无马，故不设辕、衡之类车件；因舆中置放灵柩，故须有盖。以軴车作明器，可能有显示墓主身份的用意。

喜用动物形象作附饰，是圆顶山秦墓青铜器的另一特色。较突出的有方壶、盨、盉这三种器形。98LDM1、98LDM2各出一对方壶，形制相似而纹饰不同。与大堡子山秦陵所出方壶相比，时代显然要晚得多。壶口大幅度外张而深腹更加低垂，遂使束颈下移为束腰。特别是对耳部装饰的强化，兽首耳阔平，高方角向内斜耸，壁形套环小而薄，最奇特的是兽嘴角龇出一对上弯的角形獠牙，所衔方折柱把镂空的凤首高高支起，凤首长冠后垂，圆目钩喙，喙下也龇出一对角形獠牙。此外，器身上许多部位饰有动物，如98LDM2所出的方壶，盖沿四面饰对称的长尾立虎，虎首向下；颈部前后各饰一只长尾立虎，虎首向上。腹部四面各饰一突出的兽首，为方角凸目，巨口露齿，两侧也龇出一对上弯的獠牙。高厚圈足下，前后两侧各饰对称的两只卧虎作为支足，虎首外向。98LDM2与2000LDM4各出土盨1件，形制、纹饰基本相同，只是2000LDM4所出双耳未镂空。盨为椭方体，覆盘式大圈顶盖，双耳有繁复纹饰。其形制已近似于簠。盖顶四角各饰一只凤鸟，凤首外向，圆目、钩喙、高冠、长尾翘起。盖沿上部四角及左右两侧各饰行虎1只；沿下部前后侧面各饰行虎3只，虎首均向下。器腹前后侧面，各饰行虎3只，虎首均向上，与盖沿行虎一一对应。双耳为镂空的蟠虺纹和鸟兽的结合体，主体是一兽首衔一凤首，周边附饰5只小虎和1只小鸟。圈足四角处各附1只长尾卧虎作为支足，虎首向外，其背上还各立1只小鸟，小鸟圆目钩喙，巨首小尾。全器共附饰动物46只，有大有小，情态逼真，充满活力。98LDM1、98LDM2各出土1件扁圆体四足盉，颇具西周晚期同型盉的风格，只是四足较短，流已明显变弯。98LDM2所出1件，为长方形圈顶式高盖，顶正中饰一卧鸟，圆目，张喙，齿形冠硕大，四角饰与卧鸟同姿的4只小鸟，鸟首外向。盖沿四角斜棱上各饰1只上行的小虎，而在近鋬一侧饰一前体附盖、后体悬空的大虎，耸耳回首，长尾平伸后上卷，悬空的两后足和鋬上一仰坐的熊前肢上举的双掌相连，构成器盖开合的旋轴，使虎、熊成为连接盖与器身的活链。半环式兽形鋬，兽首方角耸立，凸鼻，巨口，口角龇出一对上弯的角形獠牙，兽身腹、足外向，足排成一线，犹如多齿的扉棱。与鋬相对的一侧弯出兽形流，兽首方角耸立，椭方形嘴大张为流口，两侧同样龇出角形獠牙；兽身腹足外向，足短爪小。盉身肩部四角处各饰一顾首行虎，而在流与器口之间还饰有一只形体较大的顾首行虎，与另一侧的坐熊对称。盉腹两大侧面均饰蟠虺纹，中间有浮雕双兽交盘脐状圆突。圜底近平，足为头顶行虎的4只坐熊。98LDM1所出1件与此同型，形制及纹饰也基本一致，唯足是蹲坐的人形。98LDM2盉上的坐熊有阳具，为雄性；98LDM1盉上的坐熊无阳具，为雌性。发掘报告认为98LDM2与98LDM1的墓主为夫妻关系，这2件盉上所饰坐熊也许可作一辅证。总之，圆顶山秦墓青铜礼器的动物附饰，不仅数量可观，形态各异，而且非常注意细节的刻划，达到了相当高的工艺水平，给人们留下深刻的印象。这种喜爱附饰动物的作法，与晋器风格相近，是否接受了晋国青铜工艺的影响，有待深入研究。

圆顶山墓地车马坑遭盗扰严重，出土车马器不多，但仍可使我们了解当时车马器的制作水平。如蟠虺纹舌和兽首辖、蟠虺纹衡饰、龙首衔环镳、兽面纹带扣等，均纹饰华美，铸造规整。

兵器有剑、戈和镞。戈的形制单一，皆为圭锋短援中胡长内式。这是春秋时期广为流行的形制。镞形制多样，有阔翼镂空筒脊式，有后锋狭长的凸脊式，但更多的是缩翼棱脊式，可以看出已在向三棱式镞过渡。最值得注意的是剑。春秋时期中原地区短剑虽然已趋于多样化，但主流仍是所谓"柱脊式"，而秦剑则与中原等地区的形制迥然不同。如98LDM3所出1件短剑，通长26、格宽4.2厘米，腊、茎铸为一体，脊棱高突，斜宽从，前锷收狭，锋端略弧，宽格宽首，曲腰喇叭形扁茎。格饰图案化了的兽面纹，茎两面各分八格饰圆角回形纹。同型剑在甘肃灵台县景家庄春秋秦墓中也曾出土。此类铜剑既不同于西周时期柳叶形剑，也不同于北方草原文化常见的无格或翼格的曲茎兽首剑，是秦剑的主要样式之一。曲腰柄便于握持，狭锷利于直刺，具有较强的杀伤力，已开战国时期流行的扁茎剑之先河。更令人兴奋的是98LDM2出土1件金首金格铁剑和3件铜茎铁剑，铁剑身均已朽。秦国用铁较早，已越来越成为学界的共识，已知时代最早的铜柄铁剑，大都出在秦域，圆顶山剑又为此增添了新资料。金剑首和格分别饰以两种不同形制的兽面纹，首端有对称外曲的勾形突饰。其纹饰清晰，线条深朗而流畅，弯转处圆正柔和，工艺精湛。剑身和茎内的铁质包嵌在格、首的金腔内，异质金属结合工艺已相当成熟。3件铜柄均饰镂空蟠虺纹，有两件镶嵌绿松石珠，分布匀称；茎两侧的6～7组突齿，乃依纹饰自然伸延，优美和谐。这与陕西陇县边家庄、凤翔八旗屯秦墓所出剑的柄部近似，但纹饰更为繁丽，更趋图案化。其时代似应比边家庄所出为晚，而更加接近八旗屯所出。1992年出土于宝鸡益门村春秋秦墓中3件金柄铁剑剑柄，亦饰镂空蟠虺纹，亦镶嵌绿松石，应是圆顶山秦式剑柄的进一步发展。这批剑柄为我们研究秦剑形制及柄饰的演变轨迹，增添了新的珍贵资料。

和大多数春秋秦墓一样，圆顶山墓区出土玉器数量不多，玉质较差，除个别器物外，总起来说制作欠精致。器类有圭、璧、璜、玦、环、觿、瑚、管、片、珠、四棱器等，多为片状佩饰，未见多种佩件组合的串饰，部分器物有简单纹饰。其中玉玦数量较多，加工也相对精细些。有的饰图案化的蟠虺纹，多用双勾阴线，图案疏散，可以看出蟠虺纹向卷云纹演化的迹象。西周以来，玉礼器中圭的地位上升，渐居诸器之首。秦墓中大量出现玉圭和石圭，表明秦人接受了周人崇圭的理念。但大约受玉材匮缺的限制，石圭数量远远超过玉圭数量。可能出于同样原因，许多本该用玉制做的器物，如璧、玦、瑚、鱼等，则用石、骨、蚌壳等材质替代。另外，有一种短柱状石琀，长3.5～4.1、径约1.4厘米，用孔雀石制成，有绿、白等色相间的花纹，多含在殉人口中。这种形制石琀十分罕见。虽然圆顶山秦贵族墓地出土陶器较少，但却都是秦文化陶器的习见类型。如鬲为联裆束颈式，肩部凸鼓尚不明显。甗的鬲部联裆，甑部束颈折肩。皆饰绳纹。灰陶罐大小喇叭口都有，折肩圆肩并存，饰绳纹和弦纹。仿铜陶礼器已颇流行，98LDM3出有一对灰陶鼎，形制相同，立耳，卷沿，浅腹略垂，三蹄形足外撇。非发掘品中还有一对无盖的灰陶方壶。仿铜陶礼器的流行，也表明这批墓葬应晚于春秋早期。

# 四　结　语

司马迁写秦事是以当时还能见到的《秦记》为依据，《史记·六国年表》中对此作过交代。关于秦人的族源和远祖世系，秦人早期在陇山周围的活动经历，《史记·秦本纪》所载虽然简略，但史事轮廓大致是清晰的。由于文献上对这一段历史记载较少，许多论著对迁都关中以前的秦事数语带过，有的则把嬴秦的大骆祖地、非子封地、秦仲居地三者混为一谈，笼统地称之为"秦"。礼县大堡子山秦公陵园和圆顶山国人墓地的发现，开启了嬴秦崛起于甘肃东部那段被时间尘封已久的历史大门，填补了西北地区文物考古工作的一处空白，并推动我们重新审视秦文化的历史渊源，这在某种程度上丰实了华夏文明的体系和内涵。随着有关资料的不断披露，随着学者们研究工作的深入展开，西垂陵区发现的深远意义，会越来越显现出来。

近些年来流行一种提法，认为秦文化是一种"复合文化"。嬴秦本为东方部族，很久以前便西迁陇右，在与相邻的氏邦族体接触、交往过程中，必然要吸收当地原生文化的某些成分，接受土著居民的一些习俗，更不可避免地要和周边部族通婚联姻，形成血缘上的渗透与联结。嬴秦在西方立足、发展的过程，也便是多种文化相互融汇而又不断创新的过程。尤其是春秋以后，随着秦国国势的迅速扩张，域内众多戎狄部族被纳入统一控制之下，各种文化的融合趋势也必然进一步强化。秦文化的显著特色之一便是其兼容性，嬴秦族成长的特殊背景，决定了它善于吸收相邻文化的积极因素，富于开拓。但我们必须看到，秦文化中的主导因素仍然是中原的华夏文化。秦人原本所属东夷集团嬴姓部族，乃五帝时期基本形成的华夏文明体系的主要成分之一。秦人西迁后又一直同中原地区保持着密切联系，其族体与方国的存在和发展向来以中原王朝为依托，秦人部族首领在夏、商、周三代都曾任职于王室中央，秦人对自己的文化源流也明确地定位于"华夏"。嬴秦事实上成为中原王朝同西北主要部族联结的纽带，实现了以中原文化为主体的西北诸地域性文化的融合。西垂陵区的发现，对秦文化的性质和作用是一次有力的昭示。从甘谷毛家坪秦文化遗存，到礼县西垂陵区，到关中几处重要的春秋时期秦人墓地，再到凤翔雍城茔域，我们已能大致窥测到从西周后期到战国前秦文化的发展脉络。不难发现，除了西首葬这一独特现象外，秦人的墓圹形式，棺椁制度，殉葬习俗，以及青铜礼器的类别、组合、形制、纹饰、铭文字体格式，以及陶器的器类与组合，玉器的器类与工艺，车马器的形制与配备，兵器的种类与形制等等，均和中原文化尤其是周文化没有本质上的区别，文化内涵应属同一体系。某些因素同中原文化有异，则应是吸收了相邻的羌戎文化的结果。

西垂陵区的发现，开拓了我们对早期秦史和秦文化研究的视野，许多新的课题等待我们去探索。如大堡子山秦公陵园确属襄、文二公之墓，那庄公墓也当在其附近；非子以前至少上溯至中潏，其间秦君墓葬也应在西垂。公陵和国人墓地的存在为寻找西垂邑址提供了参考依据，我们推测可能就在永兴、祁山之间，即方志记载的礼县城东20公里处的"天嘉古郡"遗址，尚需考古发掘来作证明；据文献记载，关陇诸戎中与嬴秦打交道最频繁、对嬴秦构成最大威胁的是犬戎族。据田野考古资料，同一时代和西垂地区紧相邻接的是寺洼文化。那么，寺洼文化是否即犬戎族的遗存？我们主张犬戎即夏末由东方西迁的畎夷，寺洼文化应为一种外来文化。夏鼐先生认为寺洼文化是由外界侵入洮河流域的。[1]后来不断有学者支持这种看法。陵区所出器物尤其是青铜器，目前国内外已陆续披露了不少资料信息，亟待收集、汇总，认真鉴别、归类、分析。应对它们进行综合性研究，以找出秦国青铜工艺的源流演变轨迹和风格特征。另外，关中和陇东地区的周人墓葬中都罕见金器，而春秋秦墓中却往往出土数量可观的金器。大堡子山秦公陵园所出众多的金制品引人注目。从今天的矿产分布及开采情况看，西汉水流域产金，大堡子山秦公陵园金器原料是来自外域还是产自当地？这些都需要我们今后进行深入的探讨。

[1]　夏鼐《临洮寺洼山发掘记》，《考古学论文集》，科学出版社，1961年。

大堡子山秦公陵园出土器物

## 二 镂空鸷鸟形金饰片
高52、宽32厘米

2.高12.2、宽8.8厘米

### 三 口唇纹羽形金饰片

1.高12.2、宽7.6厘米

2.高12.2、宽8.8厘米

**四　口唇纹羽形金饰片**

高 11.4、宽 7 厘米

**五　云纹圭形金饰片**

高 14.8、宽 9 厘米

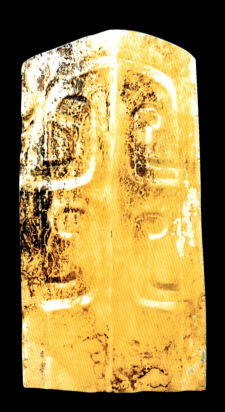

**六　云纹圭形金饰片**

高 13.3、宽 7.3 厘米

七　兽面纹盾形金饰片

高 20.3、宽 18.5 厘米

八　组合兽面纹盾形金饰片

高 20.5、宽 19 厘米

## 九　目云纹窃曲形金饰片

高 11.3、宽 10.3 厘米

## 一〇　竖线纹羽形金饰片

1.高 4.3、宽 1.05 厘米　　2.高 4.5、宽 1.1 厘米

一一　金虎

通长41、高16、腹宽3～4厘米

**一二 垂鳞纹秦公鼎**

通高 31.5、口径 31 厘米

**一三　垂鳞纹秦公鼎**

通高 37.5、口径 38.5 厘米

一四　垂鳞纹秦公鼎

通高 41、口径 40 厘米

一五　窃曲纹秦公鼎

通高 24.2、口径 24.2 厘米

## 一八　瓦棱纹秦公簋

通高 23.9、口径 18.6 厘米

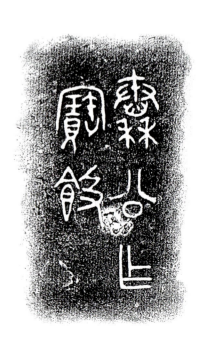

**一九　交龙纹方壶**

通高 50.8、腹宽 29 厘米

图版 贰

圆顶山秦贵族墓地出土器物

秦西垂陵区

一 窃曲波带纹列鼎（98LDM2）

秦 西 垂 陵 区

二　窃曲波带纹列鼎（98LDM2）之一

通高 23.3、口径 26.2、腹深 11.5 厘米

三　窃曲垂鳞纹鼎（98LDM1）

通高 21.7、口径 23.5、腹深 9.7 厘米

六　纽盖附耳鼎（98LDM1）

通高 9.5、口径 7.1、腹深 6.1 厘米

七　窃曲波带纹列鼎、瓦棱纹列簋（2000LDM4）

八　窃曲波带纹列鼎（2000LDM4）之一

通高 21.4、口径 22.6、腹深 9.7 厘米

**九 窃曲波带纹列鼎(2000LDM4)之二**

通高 19、口径 20.3、腹深 9.5 厘米

一〇　瓦棱纹列簋（2000LDM4）之一

通高 19.8、口径 16.5、腹深 7.9 厘米

—— 瓦棱纹列簋（98LDM2）

一二　瓦棱纹列簋（98LDM2）之一

通高 19.2、口径 17.6、腹深 9.1 厘米

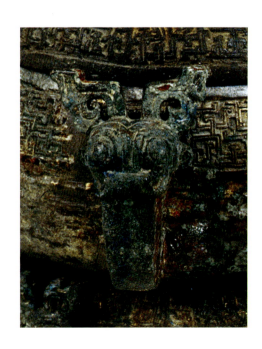

一三 瓦棱纹列簋（98LDM2）之二

通高 20.1、口径 17.6、腹深 9.2 厘米

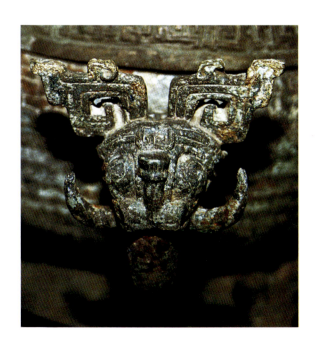

一四　瓦棱纹簋（98LDM1）

通高 19.5、口径 17.5、腹深 8.8 厘米

**一五　小捉手缺耳簋（98LDM1）**

通高 16.4、口径 18.4、腹深 9.2 厘米

一六 垂鳞纹圆壶（98LDM2）

通高 33.7、口径 9.5 厘米

一七 蟠虺纹圆壶（98LDM1）

高 27.2、口径 9.2 厘米

一九　对凤纹方壶（98LDM1）

通高48.8、口径14.1～19.5、腹深35.8厘米

二〇　蟠虺纹方壶（98LDM2）

通高 54.5、口径 15.2～21.3、腹深 36.1 厘米

二一 蟠虺纹方壶（98LDM2）

通高 52.5、口径 14.3～20.9、腹深 35.3 厘米

二二　蟠虺纹扁圆盉（98LDM1）

通高 31.5、口径 7.6～9.7、最大腹径 22、腹深 19.7 厘米

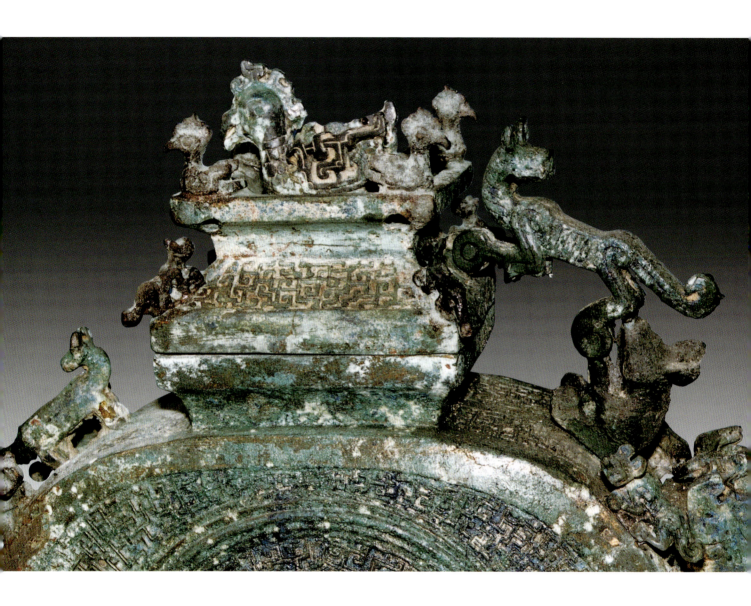

二三　蟠虺纹扁圆盉（98LDM2）

通高 32、口径 7.7～9.9、最大腹径 22.8、腹深 19.7 厘米

二四　蟠虺瓦棱纹盨（98LDM2）

通高 21.6、口径 15.2～25.2、腹深 7.7、通长 42.4 厘米

二五　蟠虺纹附耳盘（98LDM2）

通高16.2、口径46.8、腹深6.1厘米

**二六　卷云纹阔流匜（98LDM1）**

通高 15.8、最大口径 29.2、腹深 12 厘米

**二七　弦纹阔流匜（98LDM2）**

通高 16.3、最大口径 37.3、腹深 15.6 厘米

二八　勾云纹椭杯（98LDM1）

通高 8.3、最大口径 31.2、腹深 8.1 厘米

二九　敦（98LDM3）

通高 12、口径 11.2、腹深 7.9 厘米

三〇　蟠虺纹甗(2000LDM4)

通高 31、口径 16.1～20.2、腹深 14 厘米

三一 蟠虺纹尊（2000LDM4）

通高 6.7、口径 7 厘米

三二　蟠虺纹车形器（98LDM1）

通高8.8，舆厢长11.1、宽7.5、高
2.9，轮径4厘米

秦西垂陵区

100

三三　蟠虺纹方盒形器（98LDM1）

长7.8、宽5.5、高2.7厘米

三四　铃（98LDM2）

1.高6、宽4.2厘米

2.高6、宽4.3厘米

3.高7.8、宽5.5厘米

4.高6、宽4.3厘米

三五　金剑首、剑格（98LDM2）

宽3.4、高2.2厘米　宽3.7、高1.7厘米

三六　曲腰柄短剑（98LDM3）

通长26、格宽4.2厘米

三七 镂空蟠虺纹剑柄（98LDM2）

1. 通长7.8、中宽2.7厘米

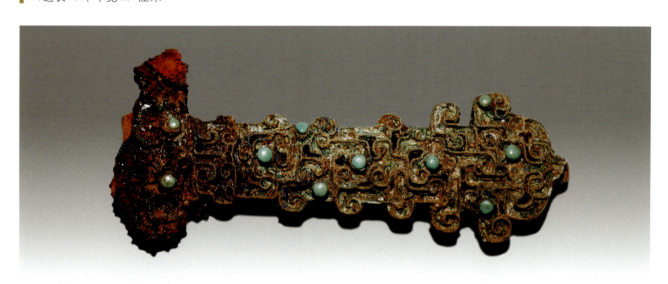

2. 通长10.5、中宽2.8厘米

3. 通长9.7、中宽2.2厘米

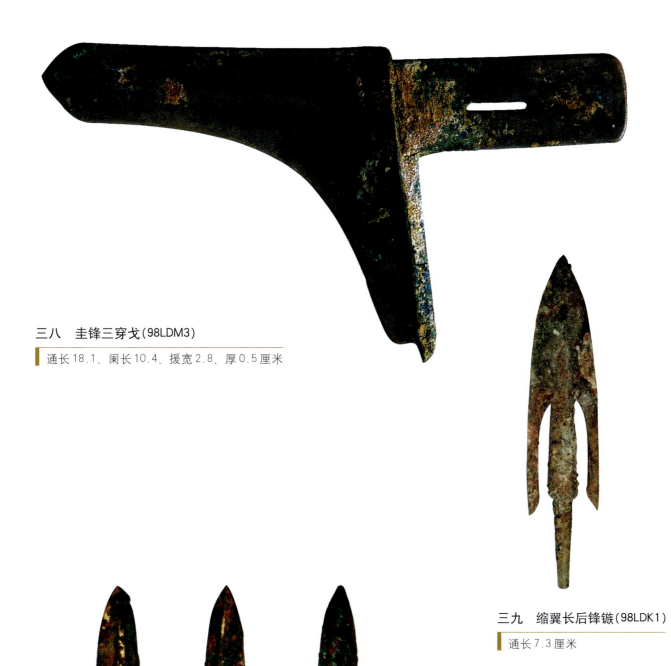

三八　圭锋三穿戈(98LDM3)

通长18.1、阑长10.4、援宽2.8、厚0.5厘米

三九　缩翼长后锋镞(98LDK1)

通长7.3厘米

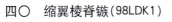

四〇　缩翼棱脊镞(98LDK1)

通长4.7厘米

四一　镂空阔翼筒脊镞(98LDK1)

通长3.8厘米

**四二　蟠虺纹舌　兽首辖（98LDK1）**

> 舌长 10.8、外径 4.2～5.5 厘米
> 辖长 10.7 厘米

四三　蟠虺纹半圆箍𰉂(98LDK1)

长 12、外径 4～5.6 厘米

四四　龙首衔环镳（98LDK1）

通长12.9、宽1.1、厚0.6，环外径2.1厘米

四五　蟠虺纹衡饰（98LDK1）

长6.1、外径1.8~2.4厘米

四六　兽面纹长带扣（98LDK1）

长6.7、宽3.4、厚0.5厘米

四七　兽面纹短带扣（98LDK1）

长3.7、宽3.4厘米

**四八　二节环套衔 (98LDK1)**

通长22.2、径1.2，两端环外径4.8，中间环外径1.2厘米

**四九　H形节约 (98LDK1)**

长2.3、管径0.8厘米

**五〇　十字形节约 (98LDK1)**

长2.6、管径0.8厘米

**五一　兽面纹X形节约 (98LDK1)**

长3.1、管径1.4厘米

**五二　套环H形节约 (98LDK1)**

通高7、环外径4.5厘米

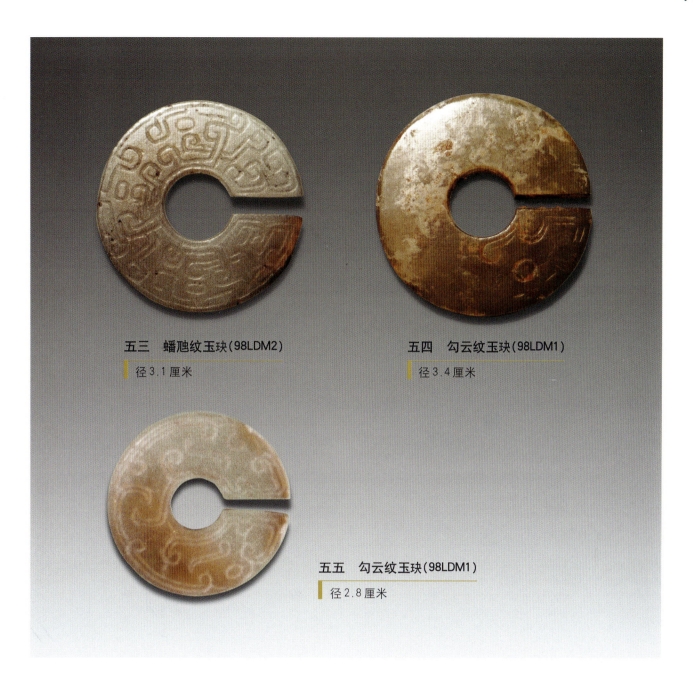

五三　蟠虺纹玉玦（98LDM2）

径3.1厘米

五四　勾云纹玉玦（98LDM1）

径3.4厘米

五五　勾云纹玉玦（98LDM1）

径2.8厘米

五六　玉觿（2000LDM4）

长4.5、最宽0.8厘米

**五七　玉璜**（98LDM2）

长7.3、宽2.4厘米

**五八　玉圭**（98LDM2）

最大1件长4.1、宽0.6厘米

**五九　窃曲纹玉管（98LDM1）**

长3.1、径1.7厘米

**六○　绚纹玉环（98LDM2）**

径2.1厘米

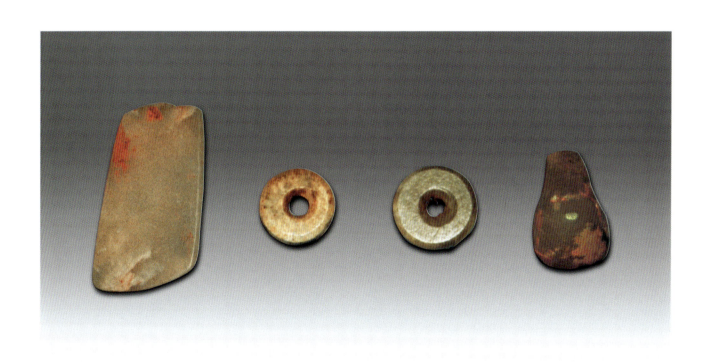

**六一　玉饰件（98LDM1）**

左1．长2.3、宽1.4厘米

左2．径1厘米

左3．径1.1厘米

左4．长1.7、宽1厘米

六二　石璧（98LDM1）

径12.4厘米

六三　石玦（98LDM1）

径3.5厘米

六四　石琀（98LDM2）

高3.5~4.1、径1.4厘米

六五　石鱼（2000LDM4）

长4.5、宽1.6厘米

六六　石鱼（98LDM1）

长8.15、宽1.8、厚0.3厘米

六七　石鱼（98LDM1）

长7.9、宽1.9、厚0.3厘米

六九　高体石玦（98LDM2）

高1、径1.6厘米

六八　蟠虺纹石瑁（98LDM1）

长5.4、宽0.9、厚0.5厘米

七〇　石凿（98LDM2）

七一　石剑（2000LDM4）

1.长3.6、宽2.6厘米　　2.长4.6、宽2.4厘米　　残长14.5、柄长6.7、身宽2.1厘米

七二　石圭（2000LDM4）
长43.3、宽5.9厘米

七三　石圭（98LDM2）
最大1件长12、宽0.9厘米

秦西垂陵区

七四　石饰件（98LDM1）

左1.长4.4、宽0.8、厚0.4厘米
左2.长3.6、宽0.6、厚0.4厘米
左3.长6、宽0.65、厚0.4厘米

七五　璧形贝饰（2000LDM4）

1.径1.8厘米　　　2.径2.1厘米

七六　骨镞（98LDK1）

通长7.1厘米

120

七七　灰陶鼎（98LDM3）

高16.4、口径15.2、腹深7.4厘米

七八　灰陶罐（98LDM2）

高35.4、口径22.8厘米

**七九 灰陶罐（98LDM3）**

左1.高10.3、口径7.3厘米
左2.高10.6、口径5.9厘米

**八〇 灰陶甄（98LDM1）**

通高27、口径18.3厘米

八一　灰陶鬲（98LDK1）

高 18、口径 14 厘米

礼县境内所出与秦文化相关器物

# 散出秦器

**一 波带纹鼎（春秋）**

通高 20.5、口径 23.1 厘米

二　秦公簋（春秋）

通高 19.8、口径 18.5厘米

三　蟠螭纹圆壶（战国）

通高 28.8、口径 9.7、腹径 21 厘米

四 蒜头壶（战国）

高 37.5、口径 3、腹径 23 厘米

五　双耳鍪（战国）

高15.4、口径14.8厘米

六　椭圆扁壶（战国）

高35.6、口径8，腹宽29.8、厚10厘米

七　对凤纹编钟(春秋)之一

**八 对凤纹编钟（春秋）**

最大通高26.2、宽16.7厘米
最小通高13.1、宽9.7厘米

**九 右库工师戈（战国）**

通长 21、阑长 11、援宽 2.6 厘米

一〇　狭叶刃长骹矛（春秋）

通长19.4、宽2.6厘米

一一　凹口骹狭刃矛（春秋）

通长23.8、宽3.7厘米

一二　宽体短骹矛（战国）

通长15.7、宽3.4厘米

一三　羊侯剑（春秋）

通长55.5、格宽5厘米

一四　圆首柱茎剑（战国）

通长45.6、格宽4.8厘米

一五　卷草纹镜（战国）

径17.4厘米

一六　圆孔圜钱（战国）

径3.7厘米

一七　半两钱（战国）

径3.1厘米

**一八　悬纽圆牌饰（春秋）**

通高11.8、径9.9厘米

**一九　有銎圆牌饰（春秋）**

通高11.6、径9厘米

**二〇　鎏金衡饰（春秋）**

长3.8、径3.5厘米

**二一　镂空龙纹牌饰（春秋）**

长6.1、宽3厘米

**二二　圆穿镦（春秋）**

高8.6、口径3.8厘米

**二三　蟠虺纹玉璧（春秋）**

径9.5厘米

二四　人形灰陶瓶（春秋）
通高 39.4、宽 13.7 厘米

二五　彩绘灰陶罐（战国）
高 21、口径 12 厘米

**二六　陶茧形壶（战国）**

高 22.2、口径 14.4 厘米

**二七　灰陶方壶（春秋）**

高 19.2、口径 9.4～12.8、腹深 17.8 厘米

# 商周及巴蜀文化器物

二八 亚父辛鼎（商）

通高 22.1、口径 18、腹深 11.9 厘米

**二九　乳丁纹簋（西周）**

通高 16.1、口径 24.5、腹深 11.8 厘米

三〇　兽面纹鬲（西周）

通高 17.1、口径 12.6、腹深 8.4 厘米

商周及巴蜀文化器物

三一 直内弧刃戚（商）

通长19，援长11.7，宽6.8，孔径1.2，内长6.4、宽4.3厘米

三二 兽面纹扁銎钺（巴蜀文化）

长10、宽8.5厘米

145

三三　三角援圆穿戈（巴蜀文化）

通长20.2、阑长9、援宽9厘米

三四　短胡戈（西周）

通长21.2、阑6.5、援宽4.8厘米

三五　铜人（战国?）

通高9.4厘米

三六　鸟首鋬灰陶鼎

通高11.5、口径10.6厘米

三七　灰陶鬲

通高14.2、口径12.3、腹深9.8厘米

**三八　鞍口双耳灰陶罐**

高9.1、口径12厘米

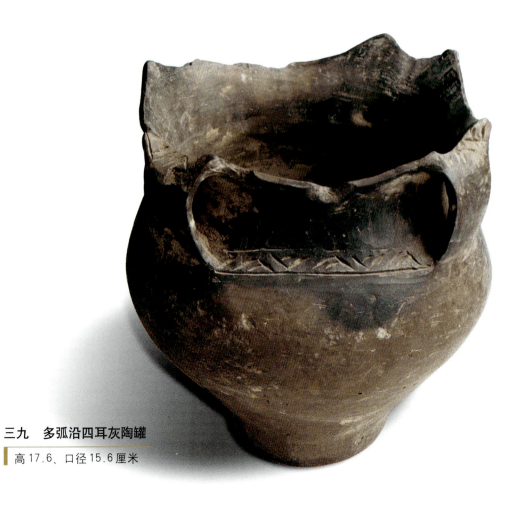

**三九　多弧沿四耳灰陶罐**

高17.6、口径15.6厘米

**四〇　深鞍口双耳灰陶罐**
通高 21.5、口径 10 厘米

**四一　双口灰陶罐**
通高 11.4、口径 4.7 厘米

**四二　鸟形灰陶罐**

通高8.8、口径6.7厘米

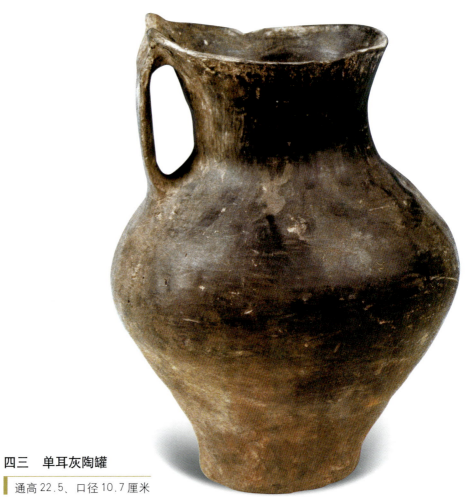

**四三　单耳灰陶罐**

通高22.5、口径10.7厘米

**四四　灰陶豆**

高15、口径13.5、腹深8.5、圈足径9厘米

**四五　灰陶豆**

高14、口径16、腹深4.4、圈足径10.5厘米

秦西垂陵区

# 收录器物表

## 壹　大堡子山秦公陵园出土器物

| 图　版 | 名　称 | 数量 | 来　源 | 收藏单位 |
|---|---|---|---|---|
| 一 | 鸷鸟形金饰片 | 2 | | 海外藏品 |
| 二 | 镂空鸷鸟形金饰片 | 2 | | 海外藏品 |
| 三 | 口唇纹羽形金饰片 | 2 | 征集 | 甘肃省博物馆 |
| 四 | 口唇纹羽形金饰片 | 1 | 征集 | 礼县博物馆 |
| 五 | 云纹圭形金饰片 | 1 | | 海外藏品 |
| 六 | 云纹圭形金饰片 | 1 | 征集 | 甘肃省博物馆 |
| 七 | 兽面纹盾形金饰片 | 1 | | 海外藏品 |
| 八 | 组合兽面纹盾形金饰片 | 1 | 征集 | 甘肃省博物馆 |
| 九 | 目云纹窃曲形金饰片 | 2 | | 海外藏品 |
| 一〇 | 竖线纹羽形金饰片 | 2 | 征集 | 甘肃省博物馆 |
| 一一 | 金虎 | 2 | | 海外藏品 |
| 一二~一四 | 垂鳞纹秦公鼎 | 3 | 盗掘查获 | 甘肃省博物馆 |
| 一五、一六 | 窃曲纹秦公鼎 | 2 | 征集 | 上海博物馆 |
| 一七、一八 | 瓦棱纹秦公簋 | 2 | 征集 | 上海博物馆 |
| 一九 | 交龙纹方壶 | 1 | 征集 | 上海博物馆 |
| 二〇 | 龙纹繁纽秦公镈 | 1 | 征集 | 上海博物馆 |
| 二一 | 重环纹舌 | 2 | 盗掘查获 | 礼县博物馆 |
| 二二 | 虎首、兽首辖 | 2 | 盗掘查获 | 礼县博物馆 |
| 二三 | 蟠螭纹舌　兽首辖 | 2 | 征集 | 甘肃省博物馆 |
| 二四 | 凤、虎、重环纹镳 | 2 | 盗掘查获 | 礼县博物馆 |
| 二五、二六 | 石磬 | 2 | 盗掘查获 | 礼县博物馆 |
| 二七 | 卷云纹瓦当 | 1 | 采集 | 礼县博物馆 |

## 贰 圆顶山秦贵族墓地出土器物

| 图 版 | 名 称 | 数量 | 来 源 | 收藏单位 |
|---|---|---|---|---|
| 一 | 窃曲波带纹列鼎 | 4 | 98LDM2 | 礼县博物馆 |
| 二 | 窃曲波带纹列鼎之一 | | 98LDM2 | 礼县博物馆 |
| 三 | 窃曲垂鳞纹鼎 | 1 | 98LDM1 | 礼县博物馆 |
| 四 | 蟠虺波带纹鼎 | 1 | 98LDM1 | 礼县博物馆 |
| 五 | 四纽盖附耳鼎 | 1 | 98LDM1 | 礼县博物馆 |
| 六 | 纽盖附耳鼎 | 1 | 98LDM1 | 礼县博物馆 |
| 七 | 窃曲波带纹列鼎、瓦棱纹列簋 | 9 | 2000LDM4 | 礼县博物馆 |
| 八 | 窃曲波带纹列鼎之一 | | 2000LDM4 | 礼县博物馆 |
| 九 | 窃曲波带纹列鼎之二 | | 2000LDM4 | 礼县博物馆 |
| 一〇 | 瓦棱纹列簋之一 | | 2000LDM4 | 礼县博物馆 |
| 一一 | 瓦棱纹列簋 | 6 | 98LDM2 | 礼县博物馆 |
| 一二 | 瓦棱纹列簋之一 | | 98LDM2 | 礼县博物馆 |
| 一三 | 瓦棱纹列簋之二 | | 98LDM2 | 礼县博物馆 |
| 一四 | 瓦棱纹簋 | 1 | 98LDM1 | 礼县博物馆 |
| 一五 | 小捉手缺耳簋 | 1 | 98LDM1 | 礼县博物馆 |
| 一六 | 垂鳞纹圆壶 | 1 | 98LDM2 | 礼县博物馆 |
| 一七 | 蟠虺纹圆壶 | 1 | 98LDM1 | 礼县博物馆 |
| 一八、一九 | 对凤纹方壶 | 2 | 98LDM1 | 礼县博物馆 |
| 二〇、二一 | 蟠虺纹方壶 | 2 | 98LDM2 | 礼县博物馆 |
| 二二 | 蟠虺纹扁圆盉 | 1 | 98LDM1 | 礼县博物馆 |
| 二三 | 蟠虺纹扁圆盉 | 1 | 98LDM2 | 礼县博物馆 |
| 二四 | 蟠虺瓦棱纹盨 | 1 | 98LDM2 | 礼县博物馆 |
| 二五 | 蟠虺纹附耳盘 | 1 | 98LDM2 | 礼县博物馆 |
| 二六 | 卷云纹阔流匜 | 1 | 98LDM1 | 礼县博物馆 |
| 二七 | 弦纹阔流匜 | 1 | 98LDM2 | 礼县博物馆 |
| 二八 | 勾云纹椭杯 | 1 | 98LDM1 | 礼县博物馆 |

| 图 版 | 名 称 | 数量 | 来 源 | 收藏单位 |
|---|---|---|---|---|
| 二九 | 敦 | 1 | 98LDM3 | 礼县博物馆 |
| 三〇 | 蟠虺纹瓿 | 1 | 2000LDM4 | 礼县博物馆 |
| 三一 | 蟠虺纹尊 | 1 | 2000LDM4 | 礼县博物馆 |
| 三二 | 蟠虺纹车形器 | 1 | 98LDM1 | 礼县博物馆 |
| 三三 | 蟠虺纹方盒形器 | 1 | 98LDM1 | 礼县博物馆 |
| 三四 | 铃 | 4 | 98LDM2 | 礼县博物馆 |
| 三五 | 金剑首、剑格 | 1 | 98LDM2 | 礼县博物馆 |
| 三六 | 曲腰柄短剑 | 1 | 98LDM3 | 礼县博物馆 |
| 三七 | 镂空蟠虺纹剑柄 | 3 | 98LDM2 | 礼县博物馆 |
| 三八 | 圭锋三穿戈 | 1 | 98LDM3 | 礼县博物馆 |
| 三九 | 缩翼长后锋镞 | 1 | 98LDK1 | 礼县博物馆 |
| 四〇 | 缩翼棱脊镞 | 3 | 98LDK1 | 礼县博物馆 |
| 四一 | 镂空阔翼筒脊镞 | 1 | 98LDK1 | 礼县博物馆 |
| 四二 | 蟠虺纹𫐓 兽首辖 | 2 | 98LDK1 | 礼县博物馆 |
| 四三 | 蟠虺纹半圆箍𫐓 | 2 | 98LDK1 | 礼县博物馆 |
| 四四 | 龙首衔环镳 | 2 | 98LDK1 | 礼县博物馆 |
| 四五 | 蟠虺纹衡饰 | 2 | 98LDK1 | 礼县博物馆 |
| 四六 | 兽面纹长带扣 | 1 | 98LDK1 | 礼县博物馆 |
| 四七 | 兽面纹短带扣 | 2 | 98LDK1 | 礼县博物馆 |
| 四八 | 二节环套衔 | 2 | 98LDK1 | 礼县博物馆 |
| 四九 | H 形节约 | 1 | 98LDK1 | 礼县博物馆 |
| 五〇 | 十字形节约 | 1 | 98LDK1 | 礼县博物馆 |
| 五一 | 兽面纹 X 形节约 | 1 | 98LDK1 | 礼县博物馆 |
| 五二 | 套环 H 形节约 | 1 | 98LDK1 | 礼县博物馆 |
| 五三 | 蟠虺纹玉玦 | 1 | 98LDM2 | 礼县博物馆 |
| 五四、五五 | 勾云纹玉玦 | 2 | 98LDM1 | 礼县博物馆 |

| 图　版 | 名　称 | 数量 | 来　源 | 收藏单位 |
|---|---|---|---|---|
| 五六 | 玉觽 | 1 | 2000LDM4 | 礼县博物馆 |
| 五七 | 玉璜 | 1 | 98LDM2 | 礼县博物馆 |
| 五八 | 玉圭 | 6 | 98LDM2 | 礼县博物馆 |
| 五九 | 窃曲纹玉管 | 1 | 98LDM1 | 礼县博物馆 |
| 六〇 | 绚纹玉环 | 1 | 98LDM2 | 礼县博物馆 |
| 六一 | 玉饰件 | 4 | 98LDM1 | 礼县博物馆 |
| 六二 | 石璧 | 1 | 98LDM1 | 礼县博物馆 |
| 六三 | 石玦 | 1 | 98LDM1 | 礼县博物馆 |
| 六四 | 石琀 | 7 | 98LDM2 | 礼县博物馆 |
| 六五 | 石鱼 | 1 | 2000LDM4 | 礼县博物馆 |
| 六六、六七 | 石鱼 | 2 | 98LDM1 | 礼县博物馆 |
| 六八 | 蟠虺纹石瑞 | 1 | 98LDM1 | 礼县博物馆 |
| 六九 | 高体石玦 | 2 | 98LDM2 | 礼县博物馆 |
| 七〇 | 石凿 | 2 | 98LDM2 | 礼县博物馆 |
| 七一 | 石剑 | 1 | 2000LDM4 | 礼县博物馆 |
| 七二 | 石圭 | 1 | 2000LDM4 | 礼县博物馆 |
| 七三 | 石圭 | 5 | 98LDM2 | 礼县博物馆 |
| 七四 | 石饰件 | 3 | 98LDM1 | 礼县博物馆 |
| 七五 | 璧形贝饰 | 2 | 2000LDM4 | 礼县博物馆 |
| 七六 | 骨镞 | 1 | 98LDK1 | 礼县博物馆 |
| 七七 | 灰陶鼎 | 1 | 98LDM3 | 礼县博物馆 |
| 七八 | 灰陶罐 | 1 | 98LDM2 | 礼县博物馆 |
| 七九 | 灰陶罐 | 2 | 98LDM3 | 礼县博物馆 |
| 八〇 | 灰陶瓿 | 1 | 98LDM1 | 礼县博物馆 |
| 八一 | 灰陶鬲 | 1 | 98LDK1 | 礼县博物馆 |

秦西垂陵区

## 附录　礼县境内所出与秦文化相关器物

| 图　版 | 名　称 | 数量 | 来　源 | 收藏单位 |
|---|---|---|---|---|
| 一 | 波带纹鼎 | 1 | 盗掘查获 | 甘肃省博物馆 |
| 二 | 秦公簋 | 1 | 礼县东北境出土 | 中国国家博物馆 |
| 三 | 蟠螭纹圆壶 | 1 | 永兴乡龙槐村出土 | 礼县博物馆 |
| 四 | 蒜头壶 | 1 | 红河乡同心村出土 | 礼县博物馆 |
| 五 | 双耳鍪 | 1 | 永兴乡蒙张村出土 | 礼县博物馆 |
| 六 | 椭圆扁壶 | 1 | 城关镇出土 | 礼县博物馆 |
| 七 | 对凤纹编钟之一 | | 永兴乡赵坪村出土 | 礼县博物馆 |
| 八 | 对凤纹编钟 | 9 | 永兴乡赵坪村出土 | 礼县博物馆 |
| 九 | 右库工师戈 | 1 | 红河乡同心村出土 | 礼县博物馆 |
| 一〇 | 狭叶刃长骹矛 | 1 | 征集 | 礼县博物馆 |
| 一一 | 凹口骹狭刃矛 | 1 | 红河乡同心村出土 | 礼县博物馆 |
| 一二 | 宽体短骹矛 | 1 | 征集 | 礼县博物馆 |
| 一三 | 羊侯剑 | 1 | 征集 | 甘肃省博物馆 |
| 一四 | 圆首柱茎剑 | 1 | 永兴乡蒙张村出土 | 礼县博物馆 |
| 一五 | 卷草纹镜 | 1 | 征集 | 礼县博物馆 |
| 一六 | 圆孔圜钱 | 1 | 征集 | 礼县博物馆 |
| 一七 | 半两钱 | 1 | 征集 | 礼县博物馆 |
| 一八 | 悬纽圆牌饰 | 2 | 盗掘查获 | 礼县博物馆 |
| 一九 | 有銎圆牌饰 | 2 | 盗掘查获 | 礼县博物馆 |
| 二〇 | 鎏金衡饰 | 2 | 盗掘查获 | 礼县博物馆 |
| 二一 | 镂空龙纹牌饰 | 1 | 征集 | 礼县博物馆 |
| 二二 | 圆穿镦 | 1 | 盗掘查获 | 礼县博物馆 |

| 图　版 | 名　称 | 数量 | 来　源 | 收藏单位 |
|---|---|---|---|---|
| 二三 | 蟠虺纹玉璧 | 1 | 征集 | 礼县博物馆 |
| 二四 | 人形灰陶瓶 | 1 | 永兴乡赵坪村出土 | 礼县博物馆 |
| 二五 | 彩绘灰陶罐 | 1 | 征集 | 礼县博物馆 |
| 二六 | 陶茧形壶 | 1 | 征集 | 礼县博物馆 |
| 二七 | 灰陶方壶 | 2 | 盗掘查获 | 礼县博物馆 |
| 二八 | 亚父辛鼎 | 1 | 城关镇西山出土 | 礼县博物馆 |
| 二九 | 乳丁纹簋 | 1 | 乔川乡新庄村出土 | 礼县博物馆 |
| 三〇 | 兽面纹鬲 | 1 | 城关镇出土 | 礼县博物馆 |
| 三一 | 直内弧刃戚 | 1 | 征集 | 礼县博物馆 |
| 三二 | 兽面纹扁銎钺 | 1 | 征集 | 礼县博物馆 |
| 三三 | 三角援圆穿戈 | 1 | 征集 | 礼县博物馆 |
| 三四 | 短胡戈 | 1 | 征集 | 礼县博物馆 |
| 三五 | 铜人 | 1 | 永兴乡赵坪村出土 | 礼县博物馆 |
| 三六 | 鸟首錾灰陶鼎 | 1 | 雷坝乡蒲陈村出土 | 礼县博物馆 |
| 三七 | 灰陶鬲 | 1 | 雷坝乡蒲陈村出土 | 礼县博物馆 |
| 三八 | 鞍口双耳灰陶罐 | 1 | 雷坝乡蒲陈村出土 | 礼县博物馆 |
| 三九 | 多弧沿四耳灰陶罐 | 1 | 雷坝乡蒲陈村出土 | 礼县博物馆 |
| 四〇 | 深鞍口双耳灰陶罐 | 1 | 雷坝乡蒲陈村出土 | 礼县博物馆 |
| 四一 | 双口灰陶罐 | 1 | 雷坝乡蒲陈村出土 | 礼县博物馆 |
| 四二 | 鸟形灰陶罐 | 1 | 雷坝乡蒲陈村出土 | 礼县博物馆 |
| 四三 | 单耳灰陶罐 | 1 | 雷坝乡蒲陈村出土 | 礼县博物馆 |
| 四四、四五 | 灰陶豆 | 2 | 石桥乡斩龙村出土 | 礼县博物馆 |

# 后 记

　　根据史学界朋友们的建议和礼县县委、县政府领导的安排，我们秦西垂文化研究会与礼县博物馆通力合作，经过一年多的艰苦努力，终于完成了《秦西垂陵区》一书的资料收集、整理和编写。付印之前，对有关问题作以简要介绍。

　　一、编辑目的。大堡子山珍贵文物出土后，引起了史学界的极大关注。为了给史学界的专家学者提供一份准确、翔实、完整的历史文物资料，为了集中展示礼县作为秦国发祥地的历史风采，提高礼县的知名度，为了激励全县人民弘扬秦人开拓进取、锲而不舍、刚毅果敢的拼搏精神，紧紧抓住西部大开发的历史机遇，发展礼县经济，再铸礼县辉煌，我们编撰此书。

　　二、编辑内容。《秦西垂陵区》是一部图文结合，具有资料性、学术性、观赏性的图录。李学勤先生撰写的序言，以一个史学家的深邃眼光，高度概括了秦人早期西垂发祥的历史意义，立论高远，结论权威。对本书的评价更给我们以极大的支持和激励。图录共收入图版113幅，入选器物221件。其中礼县博物馆藏大堡子山秦公陵园器物10件；圆顶山贵族墓地器物128件；流失海外的秦西垂陵区器物10件；礼县境内与秦文化相关的器物56件。图片的文字说明，都来源于实物资料，是专家学者研究的可靠依据。

　　三、感谢和期望。在编辑此书过程中，我们遇到的最大困难是图片收集，所幸的是得到了全国许多专家学者的大力支持。上海博物馆把从香港抢救回来的礼县出土的青铜器照片慷慨地提供给我们，韩伟先生将流失海外的金饰照片无私地寄给我们，甘肃省博物馆则提供了秦公鼎及金饰片等10多幅图片。由于以上珍贵照片的提供，才使本图录得以系统完整。尤其是李学勤先生，在百忙中拨冗为本书写序。在此，我们表示崇高的敬意和衷心的感谢！

　　我们深知，这本图录无论在内容设置上还是在体例安排上，都还存在着许多缺憾。期望专家学者和广大史学爱好者不吝赐教，并望对礼县的再度辉煌多关注，多宣传，多帮助。

编　者

2003 年 11 月

封 面 题 字　徐祖蕃

摄 影(部分)　王　　刚

装 帧 设 计　张奎杰　张有文

责 任 印 制　梁秋卉

责 任 编 辑　李缙云

**图书在版编目(CIP)数据**

秦西垂陵区／礼县博物馆，礼县秦西垂文化研究会编

著．－北京：文物出版社，2004.11

ISBN 7-5010-1630-5

Ⅰ.秦...　Ⅱ.①礼...②礼...　Ⅲ.陵墓－考古发掘

－礼县－秦代（前221～前206）　Ⅳ.K878.85

中国版本图书馆CIP数据核字（2004)第060069号

秦西垂陵区

礼县博物馆

礼县秦西垂文化研究会

文物出版社出版发行

北京五四大街29号

http://www.wenwu.com

E-mail:web@wenwu.com

北京圣彩虹制版印刷技术有限公司印刷

889×1194　大1/16　印张：10.5

2004年11月第一版　2004年11月第一次印刷

ISBN 7-5010-1630-5/K·834

定价：168元